BIBLIOTHÈQUE
DE PHILOSOPHIE CONTEMPORAINE

LA

PHILOSOPHIE RUSSE

CONTEMPORAINE

PAR

OSSIP-LOURIÉ

Docteur de la Faculté des lettres de l'Université de Paris,
Membre de la Société de philosophie de l'Université de Saint-Pétersbourg.

PARIS
FÉLIX ALCAN, ÉDITEUR
ANCIENNE LIBRAIRIE GERMER BAILLIÈRE ET Cie
108, BOULEVARD SAINT-GERMAIN, 108

1902

LA

PHILOSOPHIE RUSSE
CONTEMPORAINE

AUTRES OUVRAGES DE M. OSSIP-LOURIÉ

Pensées de Tolstoï. 2ᵉ édition. 1 vol. in-12 de la *Bibliothèque de philosophie contemporaine*. Paris, F. Alcan, 1902.
La Philosophie de Tolstoï. 1 vol. in-12 de la *Bibliothèque de philosophie contemporaine*. Paris, F. Alcan, 1899. (Récompensé par l'Académie des Sciences morales et politiques.)
La Philosophie sociale dans le théâtre d'Ibsen. 1 vol. in-12 de la *Bibliothèque de philosophie contemporaine*. Paris, F. Alcan, 1900.
Échos de la vie. Paris.
Ames souffrantes. Paris.
L'Eternel Tourment. Paris.

ÉDITIONS ÉTRANGÈRES

Zvouki Jizni. Saint-Pétersbourg.
Narodnia Tschitalny. Moscou.
Po povodou Kreitzerevoï Sonaty. Moscou.
Aandslivet I Frankrige (*Morgenbladet*, 1898). Christiania.

A LA MÊME LIBRAIRIE

NOVICOW (J.). — **L'avenir de la race blanche**, critique du pessimisme contemporain. 1 vol. in-12 . . . . 2 fr. 50
— **Les gaspillages des sociétés modernes**, contribution à l'étude de la question sociale. 1 vol. in-8 . . . . 5 fr.
— **La question d'Alsace-Lorraine**, critique du point de vue allemand, 1 br. in-8 . . . . 1 fr.
— **La politique internationale**, avec introduction de M. Eug. Véron. 1 vol. in-8 avec une carte . . . . 7 fr.
— **Les luttes entre sociétés humaines et leurs phases successives.** In-8 . . . . 10 fr.
— **La fédération de l'Europe.** 1 vol. in-12 . . . . 3 fr. 50
ROBERTY (De), professeur à l'Université nouvelle de Bruxelles. — **De la sociologie.** 3ᵉ édit., 1 vol. in-8, cart. à l'angl. . . . . 6 fr.
— **L'ancienne et la nouvelle philosophie.** 1 vol. in-8 . . . . 7 fr. 50
— **L'inconnaissable**, sa métaphysique, sa psychologie. 1 vol. in-8 . . . . . 2 fr. 50
— **La Philosophie du siècle.** 1 vol. in-8 . . . . 5 fr.
— **L'agnosticisme.** 1 vol. in-12 . . . . 2 fr. 50
— **La recherche de l'unité.** 1 vol. in-12 . . . . 2 fr. 50
— **Auguste Comte et Herbert Spencer**, contribution à l'histoire des idées philosophiques du xixᵉ siècle. 2ᵉ édition, 1 vol. in-12 . . . . 2 fr. 50
— **Le bien et le mal.** 2ᵉ édition, 1 vol. in-12 . . . . 2 fr. 50
— **Le psychisme social.** 1 vol. in-12 . . . . 2 fr. 50
— **Les fondements de l'éthique.** 1 vol. in-12 . . . . 2 fr. 50
— **La constitution de l'éthique.** 1 vol. in-12 . . . . 2 fr. 50
MANACEINE (Mᵐᵉ Marie de). — **L'anarchie passive et le comte Tolstoï.** 1 vol. in-12 . . . . 2 fr.
CREHANGE, professeur agrégé d'histoire. — **Histoire contemporaine de la Russie.** 2ᵉ édition. 1 vol. in-12 . . . . 3 fr. 50
Recueil des instructions données aux ambassadeurs et ministres de France, depuis le traité de Westphalie jusqu'à la Révolution française, publié sous les auspices de la Commission des Archives diplomatiques du ministère des Affaires étrangères. Volumes grand in-8 sur papier de Hollande :
Russie, par Alfred Rambaud, de l'Institut. 2 vol. Le 1ᵉʳ vol. 20 fr. Le second vol. 25 fr.

LA

PHILOSOPHIE RUSSE

CONTEMPORAINE

PAR

OSSIP-LOURIÉ

Docteur de la Faculté des Lettres de l'Université de Paris,
Membre de la Société de Philosophie de l'Université de Saint-Pétersbourg.

PARIS
FÉLIX ALCAN, ÉDITEUR
ANCIENNE LIBRAIRIE GERMER BAILLIÈRE ET Cⁱᵉ
108, BOULEVARD SAINT-GERMAIN, 108

1902
Tous droits réservés.

LA PHILOSOPHIE RUSSE CONTEMPORAINE

INTRODUCTION

APERÇU HISTORIQUE DE L'ÉVOLUTION DE LA PHILOSOPHIE
EN RUSSIE
OBJET DE CET OUVRAGE

L'apparition de la philosophie en Russie date de 1755, c'est-à-dire de la fondation de l'Université de Moscou. Avant cette époque on enseignait dans les académies ecclésiastiques une scolastique orthodoxe qui portait injustement le nom de philosophie. Le premier professeur, Annitschkov (1788), enseignait la philosophie allemande (Wolf) en latin.

Avec le règne de Catherine II commence l'influence de la philosophie française. On traduit Voltaire, Montesquieu, Condorcet, d'Alembert, Rousseau. Certains auteurs russes [1] prétendent que la gloire des encyclopé-

(1) Pipine, *Viestnik Evropy*, 1895, p. 323; Wedensky, *Voprossy filossofii i psychologuii*. 1898, p. 318.

OSSIP-LOURIÉ.

distes fut plus grande en Russie que leur influence. Nous ne partageons pas ce jugement.

Sans doute, la Cour de Catherine ne s'appropria que la partie purement négative du « matérialisme et du sensualisme éthique » de Voltaire[1]. Mais malgré une forte opposition de la part du clergé, l'esprit nouveau, large, humanitaire des *encyclopédistes* finit par pénétrer et par laisser de profondes racines dans la vraie société russe, à peine réveillée d'une longue léthargie intellectuelle. Leur influence se manifeste tout au long du XIXᵉ siècle : ce sont eux qui préparent l'émancipation des serfs, c'est à eux que les meilleurs écrivains russes doivent l'inspiration de leurs œuvres. Même l'*idéalisme pur* de la philosophie allemande de la première moitié du XIXᵉ siècle, qui trouva beaucoup de disciples en Russie, ne détruisit pas l'influence des encyclopédistes. D'ailleurs, en Russie, l'idéalisme et le matérialisme ont toujours marché de pair, sans exclure le mysticisme.

Au commencement du règne d'Alexandre Iᵉʳ on introduit la philosophie dans les gymnases (écoles secondaires). On y enseigne la logique, la psychologie, la philosophie du droit, l'esthétique et la morale. Dans les Universités, c'est Kant, Fichte, Schelling qui dominent, surtout Schelling dont l'influence est plus grande que celle

---

(1) C'est encore Voltaire qui introduisit en Russie la philosophie de Locke.

de Kant, elle dure jusqu'en 1830 et cède sa place à celle de Hegel. Le premier qui fit connaître Schelling en Russie fut Welansky, professeur d'anatomie et de physiologie à l'Académie médicale de Saint-Pétersbourg. Son livre *Recherches biologiques* eut un tel succès que l'auteur fut invité à faire à Moscou des conférences sur Schelling. Un autre professeur, Gŏlitch, auteur d'un livre *Histoire des systèmes philosophiques*, enseignait la philosophie de Schelling à l'Institut pédagogique, mais le gouvernement interdit son cours.

Après la guerre de 1812, Alexandre Ier subit la domination morale de l'église. Le ministre de l'instruction publique tomba sous la dépendance du ministre des cultes. Cet obscurantisme fut funeste au développement des idées philosophiques, il obligea un grand nombre de savants à s'expatrier. Nicolas Ier, à peine monté sur le trône, supprima à l'Université de Moscou la chaire de philosophie; mais un jeune professeur, Pavlov (1826), au lieu d'enseigner la physique comme il eût dû le faire, exposait simplement des doctrines philosophiques. Un autre professeur, Nadejdine, fit, vers cette époque, un cours sur l'esthétique, avec beaucoup de succès. Nicolas Ier défendit au célèbre professeur Granovsky[1] de parler dans son cours d'histoire universelle non seulement de la Révolution française, mais de Luther ou de

---

(1) Disciple de Hegel, 1813-1855.

la Réforme. Pendant l'époque appelée « les années quarante » la philosophie se ranime un peu, mais sa renaissance date de 1863, année de l'abolition de l'esclavage en Russie, année des réformes, année d'espérances. On fait la guerre à la métaphysique, à l'esthétique, *à l'art pour l'art*, on pousse à l'extrême le culte des sciences naturelles, on devient positiviste, les disciples d'Auguste Comte augmentent. Les idées de Comte ont joué un rôle très important dans le mouvement philosophique en Russie. Comte afferma l'intérêt à la sociologie, mais les positivistes russes les plus convaincus n'admirent jamais sans réserve toutes les théories de leur maître. Le comtisme domina surtout les « années soixante-dix ».

Après la mort d'Alexandre II la Russie retomba dans une réaction. Les nouveaux programmes universitaires de 1884 assignèrent à l'enseignement de la philosophie une place plus que modeste : deux heures par mois et rien que les commentaires historiques des passages d'Aristote et de Platon.

En 1885, sur l'initiative du professeur Troïtsky, on fonda à l'Université de Moscou la *Société de psychologie* dont le caractère est plus philosophique que psychologique. La *Société* contribua à répandre en Russie le goût des études de philosophie. Elle organisa des conférences publiques consacrées aux problèmes philosophiques, psychologiques, esthétiques.

En 1889, sur l'initiative du professeur Grote, la

Société de psychologie créa la *Revue de philosophie et de psychologie*[1]. « Ce ne sont pas les besoins subjectifs d'un petit nombre d'individus adonnés à la culture de la philosophie, c'est un véritable besoin social des couches les plus variées du peuple russe qui fait naître cette revue », dit Grote dans son premier article. Absolument éclectique, la revue s'adressa à l'ensemble du public éclairé, elle ne demeura étrangère à aucun problème, fut-ce une question de science pure ou d'art, traitant tout d'une façon vraiment scientifique. Les *Voprossy* eurent beaucoup à lutter contre la censure. Ainsi la livraison du 15 novembre 1891 fut saisie par ordre de la censure laïque et de celle du Saint-Synode.

Il s'agissait d'une étude de Grote : *La famine dans ses rapports avec l'éthique*, d'une étude de Tolstoï relative à la même question ; enfin, Soloviov, dans un troisième article, constatait que « dans l'évolution des idées morales le premier rôle incombe toujours aux adversaires des églises établies ».

La *Société de philosophie de l'Université de Saint-Pétersbourg* créée en 1897, sous la présidence de M. le

---

(1) *Voprossy filossofii i psychologuii* (Problèmes de philosophie et de psychologie), paraissant cinq fois par an.
En 1886, A.-A. Kozlov (1831-1901), professeur à l'Université de Kiev, fonda dans cette ville une revue de philosophie devant paraître tous les trois mois *Filossofsky Trechmessiatschnik*, mais cette publication fut de courte durée.

professeur Alexandre Wedensky, est appelée à rendre de grands services au mouvement philosophique en Russie. La *Société*, jeune encore, vient déjà de faire paraître le premier tome de ses *Travaux*. Léon Tolstoï[1] est l'un de ses membres.

On a beau parfois vouloir arrêter un courant, on n'a pas toujours la force de le détourner. Le courant suit son chemin, marche à l'accomplissement de sa mission. Malgré des entraves formidables, la philosophie progresse en Russie. Nous nous proposons de le démontrer dans cet ouvrage. Nous ne faisons pas ici œuvre d'historien ; notre but, c'est d'indiquer *le mouvement philosophique russe contemporain*. Notre méthode est objective et éclectique : toutes les écoles sont représentées dans les pages qui vont suivre[2]. Les écoles sont dans la science ce que les partis sont en politique : chacune a raison à son tour ; il est impossible à l'homme éclairé de se renfermer dans l'une d'elles assez exclusivement pour fermer les yeux à ce que les autres contiennent de raisonnable.

Notre travail est divisé en trois parties : la première est consacrée à la philosophie ; la deuxième à la psycho-

---

[1] Nous ne consacrerons pas d'étude spéciale à Tolstoï. Voir nos deux ouvrages : *Pensées de Tolstoï* et la *Philosophie de Tolstoï*.

[2] Plusieurs chapitres de ce volume ont été publiés, sous une forme un peu différente, dans la *Revue philosophique*, 1896-1901.

logie; la troisième est réservée aux sociologues. Le sens du mot *philosophe* évolue rapidement. Dans l'ancienne Grèce on appelait « philosophes » les *amis de la sagesse;* philosophe est celui qui cultive sa raison, conforme sa conduite aux règles de la saine morale. Plus tard, on réserve le nom de *philosophe* aux seuls auteurs de systèmes philosophiques. Nous estimons qu'on doit le donner à quiconque provoque un grand mouvement des esprits, pourvu qu'il ne s'écarte pas de la méthode scientifique. Les sociologues russes ne peuvent donc ne pas figurer dans *La philosophie russe contemporaine*.

Ce travail, comme toute œuvre humaine, contient, sans doute, des erreurs et des défauts; il a pourtant un mérite : *c'est le premier ouvrage traitant de la philosophie en Russie.*

PREMIÈRE PARTIE

PHILOSOPHES ET PHILOSOPHIE GÉNÉRALE

CHAPITRE PREMIER

SOLOVIOV ET LE MYSTICISME

I

Vladimir Soloviov [1] est considéré par ses compatriotes comme le philosophe le plus original de la Russie « et même de l'Europe, dans le dernier quart du XIXe siècle. Il a créé un système de philosophie : *le premier véritablement russe* [2] ». Il y a du vrai dans cette exagération. Soloviov est un *philosophe*, non pas dans le sens général, mais dans la signification scientifique du terme. En

---

[1] Ancien professeur à l'Université de Moscou et à l'Université de Saint-Pétersbourg ; né en 1853, mort le 30 juillet 1900. Principaux travaux : *La crise de la philosophie occidentale ; contre le positivisme* (Krisis Zapadnoï filosofii) ; *La justification du bien* (Opravdanié dobra) ; *L'histoire et l'avenir de la théologie* (Istoria i boudouschnost teologuii) ; *La critique des principes abstraits* (Kritica otvletschennich natschal) ; *Le droit et la morale* (Pravo i nravstvennost) ; *Trois conversations* (Tpy razgovora) ; *Les principes spirituels de la vie* (Douchovnia osnovi jizni).

[2] Lopatine, professeur à l'Université de Moscou, *Voprossy*, 1901, janvier-février.

Occident il serait devenu un philosophe révolutionnaire, en Russie il est devenu un mystique, car le mysticisme et le criticisme — voire le kantisme — sont les deux éléments principaux de sa philosophie.

Dans une étude intitulée : *L'idée russe*, Soloviov cherche à dégager ce qu'il appelle *la raison d'être de la Russie dans l'histoire universelle*. Quelle est la *pensée* qui révèle la Russie, quel est le principe *idéal* qui l'anime, quelle *nouvelle parole* ce peuple nouveau venu dira-t-il à l'humanité, que veut-il faire dans l'histoire du monde ? Et Soloviov cherche la solution de ces problèmes non pas dans les faits psychologiques du caractère du peuple russe ou dans les faits sociaux de sa courte histoire, mais dans « les vérités éternelles de la religion ». Car « l'idée d'une nation n'est pas ce qu'elle pense d'elle-même dans le temps, mais ce que Dieu pense sur elle dans l'éternité ».

L'un des mérites de Soloviov, c'est d'avoir étendu en Russie le domaine de la philosophie critique et de la *théorie de la connaissance*. Pendant les deux années de son enseignement à l'Université de Saint-Pétersbourg[1] Soloviov amena la conversion de tous ses auditeurs[2] : de positivistes ils devinrent disciples de Kant.

Le criticisme de Soloviov a plus de disciples en Russie que son mysticisme. Cela s'explique par le fait

(1) Cours interdit par le gouvernement.
(2) Wedensky.

que Soloviov a su donner à son mysticisme un caráctère scientifique.

Or, les sciences naturelles, dont le développement augmente de plus en plus en Russie, enseignent à se méfier des méthodes dites scientifiques appliquées non pas à l'histoire des religions, mais à la théologie.

Il est assez difficile d'exposer la philosophie de Soloviov. Dialecticien excessivement fin et spirituel, c'est dans des mots bien à lui, dans la tournure de la phrase que se cache souvent l'originalité du sens de l'idée qu'il exprime. On peut distinguer trois principes dans sa philosophie : 1° l'idée de la spiritualité intérieure de l'être ; 2° l'idée de l'unité absolue ; 3° l'idée de l'Homme-Dieu.

L'esprit absolu est le premier principe de toute chose. Dieu, ce n'est pas l'unité immobile des indiens, Dieu, c'est l'Esprit vivant, la Vie, la Pensée, la Volonté. Dieu, c'est l'Amour, et non pas le Mal, l'Harmonie, et non pas la Lutte. Dieu, c'est l'absolu, c'est-à-dire la Perfection, l'Idéal, la Vérité, le Bien. Dieu, c'est l'*acte pur*, c'est la Sagesse, la Fin, l'âme de l'Univers.

Soloviov admet l'existence dans tout être de ce qu'il appelle « la perfection divine », la compréhension intérieure de Dieu.

L'idée de la compréhension intérieure de la divinité est une conception subjective et en même temps transcendantale ; d'un côté, c'est ce que nous retrouvons séparément dans chaque sujet comme quelque chose qui existe par soi-même, quelque chose de primitif, de durable, d'indépendant de la forme; dans ce cas, elle est et elle n'est pas, elle existe comme un être négatif ou opposé à tout ce qui existe visiblement, et qui devient comme non existant par rapport à cet être ; de l'autre côté, elle est l'être abstrait et réel qui existe dans tout sans être renfermé dans quelque chose, et qui renferme tout en soi, bien que ne contenant rien ; c'est l'objet pareil au sujet, qui entre dans notre pensée, et qui est la pensée, qui pénètre notre *moi*, notre *âme*, et qui est l'*âme* même. Notre pensée nous fait découvrir l'idée de l'existence de Dieu ; l'idée de l'existence de Dieu explique, satisfait notre pensée.

La religion est pour Soloviov un système de connaissance, une métaphysique capable de résoudre l'énigme de l'Univers et, en même temps, elle est une *révélation*, une grâce de la volonté de Dieu. Dieu-Volonté ne détruit pas la volonté de l'homme, il faut que la volonté de l'homme cherche, aspire à s'identifier avec la Volonté de Dieu, avec le Grand Tout de l'Univers. Ce Grand Tout existe, il est matériel, l'*atome* aspire constamment vers lui. Dieu n'est pas une abstraction, Dieu est une réalité. Soloviov crée, pour ainsi dire, le *réalisme mystique* et le matérialisme devient chez lui atomisme, mais ce n'est pas l'atomisme des matérialistes. Il ne se borne pas à identifier l'âme avec Dieu, il cherche à unifier la conscience intérieure avec l'observation extérieure, le cœur avec l'esprit, l'élément individuel avec le tout social. Il considère le monde spirituel, idéal, non pas comme un terme abstrait, mais comme quelque chose de concret, de réel, de vivant, de positif. Le mysticisme de Soloviov ne condamne pas la concupiscence de l'esprit. Comme chez Fénelon, on ne trouve chez lui aucun mot blessant la raison. Au contraire, son mysticisme ne rejette pas les autres formes de la connaissance; suivant lui, la « connaissance mystique doit toujours être en rapport avec toutes les autres formes de la connaissance, avec la philosophie, avec les *sciences positives* ». La divinité fait appel à toutes les facultés de notre être. A l'intelligence, elle se révèle comme vérité; à la volonté, comme règle de conduite, tandis que rayonnant au fond de l'âme, elle sollicite le cœur à l'aimer. La divinité, la vérité, le bien et le beau ne sont jamais séparés chez Soloviov.

C'est dans l'idée de Dieu qu'il puise ses conceptions esthétiques. La divinité est le bien; le bien est toujours beau. Soloviov distingue le beau dans la nature du beau dans l'art. C'est le beau de la nature qui doit fournir les fondements nécessaires à la philosophie de l'art. Le beau est toujours une idée symbolisée par une forme concrète; le beau est la plus haute expression de l'existence.

La métaphysique de Soloviov embrasse les éléments

éthiques, esthétiques et intellectuels, sans exclure les perceptions sensorielles. L'esprit seul, créant des idées *a priori*, ne peut pas servir de base à la science, ni nos perceptions sensorielles. La synthèse de nos idées *a priori* et de nos sensations peut constituer la science. La vérité n'est ni dans le réalisme, ni dans le rationalisme, mais entre ces deux systèmes. Ce n'est pas à la philosophie qu'appartient l'autorité nécessaire de révéler la vérité, la véritable vie, le souverain bien : cette tâche est celle de la théologie. Les rapports de la théologie avec les sciences exactes font naître la *théosophie libre*. La théosophie libre n'est que la synthèse de la théologie, de la philosophie et des sciences positives.

II

Soloviov voit le salut du monde dans le Christianisme, dans l'union des Églises[1]. Ce fait semble étrange, car il

[1] La question de l'union de l'Église orthodoxe et de l'Église catholique fut effleurée au commencement du XVIII° siècle. Pendant son séjour à Paris en 1717, Pierre le Grand visita la Sorbonne. Le célèbre journal rédigé vers la fin de son règne presque sous sa dictée et publié dans la suite par Stcherbatov décrit l'entrevue du monarque russe avec les docteurs romains relativement à la réunion des Églises. « Le 3 juin Sa Majesté se rendit à l'Académie, où les docteurs de la Sorbonne entretinrent Sa Majesté de l'Union dans la foi, en disant qu'il serait facile de l'établir. A quoi Sa Majesté daigna leur répondre que cette affaire était grave et qu'il était impossible de l'arranger dans un bref délai ; qu'en outre Sa Majesté s'occupait davantage des affaires militaires. Mais que s'ils le désiraient en réalité, ils n'avaient qu'à écrire aux évêques russes, car c'était une affaire importante, qui

est absolument inadmissible qu'il ignorât l'histoire sanglante des Églises. Il n'en est pas moins certain que le christianisme est pour Soloviov ce que la substance absolue fut pour Spinoza, le *Moi* absolu pour Fichte, la *Volonté* pour Schopenhauer. Sans doute il s'agit du christianisme *primitif* qui n'est, dans ses racines, que le judaïsme régénéré. « Nous voyons encore le phénomène étrange d'une société qui professe le christianisme comme sa religion et qui reste païenne, non pas dans sa vie seulement, mais quant à *la loi* de la vie[1]. »

Ce dualisme est pour Soloviov une faillite morale et non pas une inconséquence logique. On l'aperçoit bien au caractère hypocrite et sophistique des arguments employés ordinairement pour défendre le christianisme d'aujourd'hui. « L'esclavage et les peines cruelles, — disait un évêque célèbre en Russie, — ne sont pas contraires à l'esprit du christianisme : car la souffrance physique ne nuit pas au salut de l'âme, objet unique de notre religion. » Comme si la souffrance physique infligée à des hommes par un autre homme ne supposait pas dans celui-ci une dépravation morale, un acte d'injustice et de cruauté certainement dangereux pour le

---

exigeait une assemblée ecclésiastique ; en même temps Elle daigna promettre aux docteurs que s'ils écrivaient aux évêques russes, Elle ordonnerait à ceux-ci de répondre en vertu de l'autorité que Dieu lui avait donné. » (*Journal de Pierre le Grand*, Saint-Pétersbourg, t. II, p. 411.) Les docteurs de la Sorbonne eurent la sagesse de ne pas écrire aux évêques russes.

(1) Soloviov, *La Russie et l'Église universelle*.

« salut de son âme ». En admettant même, dit Soloviov, — ce qui est absurde — que la société chrétienne puisse être insensible aux souffrances des opprimés, peut-elle être indifférente au *péché* des oppresseurs ? L'esclavage économique, comme l'esclavage moral, trouve des défenseurs dans le monde chrétien. « La Société et l'État, disent-ils, ne sont nullement obligés de prendre des mesures générales et régulières contre le paupérisme ; l'aumône volontaire suffit : Jésus n'a-t-il pas dit qu'il y aura toujours des pauvres sur la terre ? » Oui, il y aura toujours des pauvres, comme il y aura toujours des malades, — cela prouve-t-il l'inutilité des mesures sanitaires ? Seule la réunion de toutes les Églises, sur les bases primitives du christianisme, peut changer l'état de choses actuel. Le salut est dans l'unité des Églises, c'est-à-dire dans l'unité du genre humain. Soloviov accepte l'unité essentielle et réelle de l'humanité qu'il considère comme un grand être collectif, un organisme social dont les différentes nations représentent les membres vivants. A ce point de vue, aucun peuple ne saurait vivre en soi, par soi et pour soi, la vie de chacun n'est qu'une participation déterminée à la vie générale de l'humanité. La fonction organique qu'une nation doit remplir dans cette vie universelle, — voilà sa véritable idée nationale.

Si pour Soloviov l'humanité est un grand organisme, il ne la considère pas comme un organisme purement physique, les éléments dont elle se compose — les individus et les nations — sont pour lui des êtres moraux. Or, la condition essentielle d'un être moral, c'est que la fonction particulière qu'il est appelé à remplir dans la vie universelle, l'idée qui détermine son existence « dans la pensée de Dieu », ne s'impose jamais comme une nécessité matérielle, mais seulement comme une obligation morale.

« La pensée de Dieu, qui est une fatalité absolue pour les choses, n'est qu'un devoir pour l'être moral. » Mais s'il est évident qu'un devoir peut être rempli ou non, peut être rempli bien ou mal, peut être accepté ou rejeté, on ne saurait admettre, d'un autre côté, que cette liberté puisse changer « le plan providentiel », ou enlever son efficacité à la loi morale.

« L'action morale de Dieu ne peut pas être moins puissante que son action physique. » Il faut reconnaître que dans le monde moral, il y a aussi une fatalité, mais une fatalité indirecte et conditionnée. La vocation ou l'idée propre que la pensée de Dieu assigne à chaque être moral — individu ou nation — et qui se révèle à la conscience de cet être, comme son devoir suprême, cette idée agit, dans tous les cas, comme une puissance réelle, elle détermine l'existence de l'être moral, mais elle le fait de deux manières opposées : elle se manifeste comme loi de la vie, quand le devoir est rempli, et comme loi de la mort, quand il ne l'est pas.

L'être moral ne peut jamais se soustraire à l'idée divine, qui est sa raison d'être, mais il dépend de lui-même de la porter dans son cœur et dans ses destinées comme une bénédiction ou comme une malédiction.

III

L'idée divine n'est pas en désaccord avec la *vie physique*. Soloviov distingue entre la matière (corps) et la chair. La chair est la matière organisée qui, sortant de son état passif habituel, se révolte souvent contre la domination de l'esprit. L'ascétisme offre des moyens efficaces pour étouffer ces velléités insurrectionnelles. L'ascétisme est également une bonne école d'énergie morale. La morale ascétique est une sorte d'hygiène spirituelle, mais elle ne vise que la perfection de l'individu et se distingue par là de la morale altruiste. L'ascétisme ne se justifie donc qu'autant qu'il aboutit à l'altruisme, il n'est pas une fin en soi, mais un moyen qui conduit à la perfection morale. La pureté, la sûreté, la sainteté de la contemplation divine n'existent véritablement que lorsque l'âme appelée à cette sublime élévation se dégage auparavant des servitudes organiques des sens. Sans doute, la source des suavités sensibles est pure ; elle aussi procède de la grâce divine, mais les exigences sensibles, effet du tempérament, sont mêlées d'imperfections naturelles qui retardent l'entière donation de l'âme à Dieu. Il ne faut pas qu'elles exposent l'homme à des défaillances qui peuvent le replonger dans l'abîme du péché.

Tandis que chez les êtres inférieurs la vie de l'espèce domine la vie de l'individu, chez les êtres supérieurs, chez les hommes, l'individualité, au contraire, peut et doit éclore librement et atteindre la plus haute perfection sans s'asservir aux fins matérielles du processus vital. Dans les grandes créations intellectuelles, — religion, science, morale, art, — l'homme se manifeste à la fois comme conscience individuelle et comme conscience universelle. L'homme seul, dans le monde biologique, s'inquiète de la vérité abstraite. Et cette vérité, quand elle s'empare de son *moi* et lui fait comprendre le néant de l'égotisme, se nomme *Amour*. La force de l'homme est là. Et la grande fin de l'amour, c'est la recherche d'un Tout, d'un Être supérieur, à la fois Homme et Dieu, Vérité et Bien.

La dignité de nos buts et de nos actions dépend de l'Idée du Bien. Pour que notre vie ait un sens, pour qu'elle soit digne de la nature spirituelle et morale de l'homme, il faut qu'elle porte en elle la *justification du Bien*. Les bons sentiments naturels de l'homme — la pitié, la compassion, la piété, — ne suffisent pas pour atteindre ce but supérieur de la vie : il faut encore un enseignement moral qui doit avoir pour but d'affermir les sentiments naturels de l'homme et d'établir une sorte d'unité morale, capable de gouverner la vie individuelle et la vie sociale.

Cet enseignement est nécessaire à tous les hommes, même au petit nombre d'élite, c'est-à-dire à ceux qui sont capables d'analyser par eux-mêmes les problèmes moraux. La religion n'ôte pas à l'humanité pensante ses exigences intellectuelles. La religion crée des raisonnements qui ont toujours besoin du contrôle de la philosophie. L'idée de Dieu, comme la pensée philosophique dépendent de la *Volonté* qui aspire au *Bien*. Grâce à notre nature morale, nous voulons vivre conformément au Bien, et nous cherchons à connaître ses principes. En même temps nous éprouvons le besoin du *Savoir* en général, le besoin de chercher la *Vérité* pour elle-même. Notre conscience approuve cette seconde volonté, c'est-à-dire la recherche de la vérité pour la vérité, et de telle sorte s'établit l'union du *Bien* et de la *Vérité*. Sans cette union, la conception du *Vrai Bien* — base de toute morale — n'aurait pas de raison d'être.

C'est l'union de la *Vérité* et du *Bien* qui détermine l'unité de l'Univers. Cette unité est cachée à nos regards par le monde du mal et de l'illusion, mais elle existe. « Tous sont un ; et l'unité absolue est tout dans tous. »

La loi de ce monde est la division et l'isolement des parties du Grand Tout ; et l'humanité elle-même qui devrait être la raison unifiante de l'univers matériel, s'est trouvée fractionnée et dispersée sur la terre et n'a pu parvenir par ses propres efforts qu'à une unité partielle et instable : la monarchie universelle du paganisme. Cette monarchie, représentée d'abord par Tibère et Néron, reçut son vrai principe quand « la vérité » fut manifestée par Jésus. Il s'agit maintenant d'affermir cette unité, de réaliser dans la société humaine « la vérité », il s'agit de *pratiquer* la vérité. Or, dans son expression pratique, la vérité s'appelle justice. La vérité, c'est l'existence absolue de tous dans l'unité, c'est la solidarité universelle, c'est l'œuvre unificatrice qui détruit l'égoïsme et la division.

Chaque être particulier — individu, classe, nation — en tant qu'il s'affirme pour soi et s'isole de la totalité humaine, agit contre la vérité ; et la vérité, si elle est vivante en nous, doit réagir et se manifester comme justice. Ainsi, après avoir reconnu la solidarité universelle comme vérité, après l'avoir pratiquée comme justice, l'humanité régénérée pourra la pressentir comme son essence intérieure et en jouir complètement dans un esprit de liberté et d'amour.

Le vrai bien social étant la solidarité — la justice et la paix universelles — le mal social n'est autre chose que la solidarité violée. La vie réelle de l'humanité nous présente une triple violation de la solidarité universelle ou de la justice ; celle-ci est violée : 1º quand une nation attente à l'existence ou à la liberté d'une autre nation ; 2° quand une classe de la société en opprime une autre ; 3° quand l'individu se révolte contre l'ordre social ou quand l'État opprime l'individu.

Tant qu'il y eut dans l'humanité historique plusieurs États particuliers absolument indépendants l'un de l'autre, la tâche immédiate de chacun d'eux dans le domaine de la politique extérieure se borna à défendre cette indépendance. Mais l'idée ou plutôt l'instinct de la solidarité internationale exista toujours dans l'humanité historique, se traduisant tantôt par la tendance à la monarchie universelle, tendance qui aboutit à l'idée et au fait de la paix romaine (*pax romana*), tantôt, chez les Hébreux, par le principe religieux affirmant l'unité de nature, l'origine commune de tout le genre humain.

Sincèrement ou non, la paix universelle est reconnue de tout le monde comme le vrai but de la politique internationale. Il faut constater un fait évident : il y a un besoin général de solidarité humaine, un besoin d'unité internationale, de *pax humana*. Cette unité n'existe pas actuellement et le problème est aussi peu résolu qu'il l'était dans le monde ancien.

La solidarité universelle suppose que chaque élément du Grand Tout — individu, société, nation — a non seulement le droit d'exister, mais possède encore une valeur propre et intrinsèque ne permettant pas de le transformer en un simple moyen du bien-être général.

L'idée positive et vraie de la justice peut être exprimée par la formule suivante : chaque être particulier (individuel ou collectif) a toujours une place pour soi dans l'organisme universel de l'humanité.

Tout cela est fort bien, fort clair et nous accepterions volontiers les idées de Soloviov sur la solidarité universelle, s'il n'avait pas soin de nous dire et de nous répéter que « la grande unité humaine est Dieu », l'*homme-dieu*, mais *dieu* quand même, c'est-à-dire le principe de l'*Église*, de cette même *Église* qui a détruit justement la solidarité universelle. « L'homme-dieu existe réellement sur la terre », il n'est pas parfait, mais il s'avance vers la perfection, il s'accroît et s'étend à l'extérieur et se développe intérieurement. « La forme substantielle de l'humanité se réalisera dans l'Église universelle. Participer à la vie de l'Église universelle, y participer selon ses forces et ses capacités particulières, voilà le seul but véritable, la seule vraie mission de chaque individu, de chaque peuple. *En dehors de Dieu, principe d'union, l'union n'est pas possible.* »

IV

Deux idées ont dominé la vie de Soloviov : l'idée de la réunion des Églises et l'idée de l'abolition de la peine de mort[1]. La seconde est préférable à la première, elle

(1) Si la première de ces idées n'amena à Soloviov que des adver-

est plus rationnelle, plus humaine, quoiqu'elle ne représente qu'une très faible partie de la justice universelle.

Dans son ouvrage : *Le droit et la morale*[1], Soloviov analyse la question de la peine de mort au point de vue religieux et moral, il cherche à démontrer que la *Bible*, prise en son ensemble, élève la conscience humaine bien au-dessus du sombre et sanglant sol de la féroce religiosité, dont les peuples païens ne se sont affranchis qu'en partie dans les classes supérieures, grâce à la philosophie grecque et à la jurisprudence romaine. Dans la Bible et chez les prophètes nous trouvons toujours le symbole de la haute morale : « Je suis la vengeance, dit l'Éternel. Je rémunérerai. — Comment rémunéreras-tu ? — Je veux miséricorde et non pas sacrifice. Je ne suis pas venu pour appeler à la repentance les justes, mais les pécheurs. »

La *Bible* est un organisme vivant qui, s'étant développé pendant plus de mille ans, demeure étranger à toute uniformité extérieure et pédante, mais n'en est que d'autant plus admirable par l'unité intime et l'harmonie du contenu. Il est faux et vain de détacher arbitrairement de ce tout parfait quelques parties intermédiaires

---

saires intellectuels, la seconde brisa sa vie. Après l'accident mortel d'Alexandre II, Soloviov, à peine nommé professeur à l'Université de Saint-Pétersbourg (il avait 27 ans), y fit une conférence sur la nécessité impérieuse d'abolir la peine de mort. Alexandre III, dit le *Pacifique*, obligea Soloviov à donner sa démission.

(1) *Pravo i Nravstvennoste*, Saint-Pétersbourg, 1898.

à double sens ; ceux qui en appellent à la Bible en faveur de la peine de mort témoignent d'un aveuglement absolu.

L'opinion des esprits éclairés sur l'inutilité et la « vanité » de la peine de mort est devenue actuellement une vérité démontrée. Elle ne peut être contestée que par le parti pris, l'ignorance et la mauvaise volonté. La peine de mort est un acte immoral préjudiciable à la société ; il faut le rappeler sans cesse à la conscience publique. En condamnant un homme à la peine de mort, la société déclare qu'il est coupable dans le passé, mauvais dans le présent et incorrigible dans l'avenir. Or, la société ne connaît rien de certain ni sur la future incorrigibilité du délinquant ni sur sa culpabilité passée, d'où vient le grand nombre d'erreurs judiciaires, et c'est un attentat à la conscience humaine lorsqu'on confond le savoir relatif, conditionnel, avec la justice infinie. La peine de mort est dépourvue de sens ou elle est impie. La peine de mort est inhumaine non seulement à « l'égard du sentiment, mais aussi au point de vue moral ». Devons-nous reconnaître des bornes aux actions agissant du dehors sur la personne humaine ? Y a-t-il en elle quelque chose de sacré, d'inviolable ? L'horreur qu'inspire le meurtre à toute âme saine démontre que les bornes existent et qu'elles sont intimement liées à la vie de l'homme. Un acte effroyable s'accomplit, un homme convertit un autre en une chose inerte. La société, incapable de l'empêcher, s'émeut, s'indigne, et c'est juste : elle ne peut pas demeurer indifférente. Par quel acte doit-elle exprimer ses sentiments, son indignation? Par un nouveau meurtre? Le bien résulte-t-il donc de la répétition du mal? L'homme qui dit à un autre homme : « tu n'as aucun droit à la vie, je te le prouverai par le fait » accomplit un acte de volonté dépassant les limites morales. Et c'est ainsi que la société agit envers le délinquant, — et sans aucune excuse, puisqu'elle agit sans passion, sans instincts criminels-mobiles du malfaiteur. « La peine de mort est un meurtre, un meurtre absolu, c'est-à-dire la négation souveraine des rapports moraux entre les hommes. » Les défenseurs de la peine de mort le reconnaissent eux-mêmes par leur : « que messieurs les assassins commencent! » La société et « messieurs les assassins » sont ainsi placés au même rang. Certains champions de la peine capitale affirment que la mort n'est pas la perte définitive de l'existence, l'âme humaine, disent-ils, survit au delà de la tombe, la mort n'est qu'une transition sans portée absolue. Pourquoi donc le meurtre inspire-t-il tant d'effroi? Deux éléments moraux composent la conception du *droit* : la liberté personnelle et le bien général. Le bien général peut, dans certains cas, limiter la liberté personnelle, mais jamais la supprimer, sans troubler l'équilibre. La peine de mort est donc non seulement contraire aux principes de la morale, elle est aussi la négation même du droit humain. Même au point de vue du bien général, la société ne doit pas priver l'individu quel qu'il soit de la vie ni le priver indéfiniment de sa liberté. Les législations qui admettent la peine capitale, les travaux forcés à perpétuité, la réclusion à vie, ne peuvent être justifiées par le droit juridique. Le bien général n'est général que parce qu'il comprend le bien de tous les individus sans exception, — autrement il ne serait que le bien de la majorité des hommes et non pas de tous. Soloviov n'admet pas que le bien général soit la simple somme arithmétique de tous les intérêts particuliers pris séparément, ni qu'il embrasse la sphère de liberté illimitée de chaque individu, ce qui, d'après lui, serait une contradiction ; mais, en limitant les intérêts personnels, le bien général ne peut supprimer l'homme libre ni lui enlever la possibilité d'agir librement. Le bien général embrasse aussi le bien individuel, et quand il prive l'individu de la vie ou de la liberté d'action, c'est-à-dire de la possibilité de jouir d'aucun bien, ce bien général devient fictif, il perd le droit d'entraver la liberté individuelle.

Soloviov croit, avec le professeur Tagantsev, son compatriote, que le temps est proche où la peine de mort disparaîtra du code pénal, où les discussions mêmes sur son efficacité paraîtront inutiles et oiseuses [1].

(1) Il n'y a pas actuellement en Russie un seul criminaliste vraiment

V

Et maintenant : en quoi consiste l'originalité de Soloviov? Il n'est pas très aisé de répondre à cette question ; on peut dire : l'originalité de Soloviov se manifeste dans sa manière d'exposer, de coordonner des idées. Est-ce un *philosophe*? Sans doute, mais il n'a pas de système de philosophie proprement dit. C'est un érudit, un poète[1], un *honnête* penseur. Ennemi convaincu du positivisme, — contre lequel il lutte toute sa vie, — il consacre à Auguste Comte une apologie remarquable ; *croyant*, il défend la philosophie théorétique, les droits du scepticisme, trouvant que Descartes n'établit pas assez le principe du doute général[2]. Il connaît à fond tous les systèmes de philosophie, il traduit (en russe) et commente Platon[3], Kant, Schelling, il étudie Hegel,

---

digne de ce nom qui se prononce pour la peine de mort. Le professeur Kistiakovsky a reproché dernièrement à Joseph de Maistre ses fameuses paroles : « La grandeur, la puissance et la subordination des sociétés humaines reposent sur le *bourreau* qui personnifie la terreur et sert en même temps de lien entre leurs membres ; en son absence l'ordre ferait place au chaos et la société elle-même cesserait d'exister. » (*La Pensée russe*, Rousskaia Misl, 1898.)

(1) Soloviov a des poésies qui rappellent celles de deux poètes-philosophes français : Alfred de Vigny et Sully Prudhomme.

(2) Troubetskoï.

(3) Les travaux sur le classement des dialogues de Platon sont très nombreux ; Soloviov les a enrichis d'une page nouvelle. Il ne nous offre pas une nouvelle classification, il croit cependant pouvoir démontrer que le dialogue *Premier Alcibiade* fut écrit par Platon en

Schopenhauer, Spinoza, Descartes, Comte. A l'âge de trente ans il se met à apprendre la langue hébraïque [1], et bientôt après il lit les prophètes et toute la littérature hébraïque *en original*. On sent, d'ailleurs, dans les écrits de Soloviov son contact avec les grands prédicateurs juifs. Sa finesse d'esprit rappelle souvent la verve de Hillel et telles de ses pages sermonniennes évoquent le souvenir lointain de Jérémie, de Michée. Il est assez probable que Soloviov connut aussi les grands prédicateurs français du XVIIe et du XVIIIe siècle, on trouve cependant chez lui plus d'unité, plus de simplicité et surtout plus d'esprit scientifique. Certaines de ses conférences [2] sont de véritables sermons.

Il est assez difficile de discuter avec Soloviov. La morale, « morale suprême », c'est « la compréhension intérieure de l'idée divine ». Tout homme peut-il posséder, gagner, acquérir cette « divine compréhen-

---

trois époques différentes : dans sa jeunesse, lorsqu'il était sous l'influence de Socrate ; en son âge viril (45-50) et enfin pendant qu'il composait ses *Lois*. Soloviov croit également, avec beaucoup d'autres, que le dialogue *Lachès* n'appartient pas à la plume de Platon.

(1) Soloviov est un grand admirateur du peuple juif, « peuple unique et mystérieux, peuple des prophètes et des apôtres, peuple de Jésus, peuple qui vit encore et auquel la parole du Nouveau-Testament promet une régénération nouvelle ». Suivant Soloviov, s'il y a une vérité acquise pour l'histoire de la philosophie c'est celle-ci : la vocation définitive du peuple juif, sa vraie raison d'être est essentiellement attachée à l'idée messianique. — Soloviov a mené à plusieurs reprises des campagnes contre l'antisémitisme en Russie.

(2) Soloviov professa assez longtemps à l'*Institut supérieur des femmes* (Saint-Pétersbourg).

sion ? » — Oui, répond Soloviov par la maxime de Kant : « Tu dois, donc tu peux ». Ni Kant, ni Soloviov ne disent : « Tu *veux*, donc tu peux », mais : « Tu *dois*, donc... » Or, si l'aspiration amène la volition, le devoir imposé la détruit, il crée cette antinomie cruelle : « Tu dois, donc tu ne peux pas. » Aspirer vers l'Idée d'un Être supérieur, c'est posséder cette idée. *Devoir* se l'imposer, amène la révolte de se laisser dominer par une Idée étrangère à notre volonté. La conception de l'Être supérieur que nous devrions envisager comme « pure morale » devient morale obligatoire, elle détruit la perfection suprême de l'être.

Soloviov cherche à concilier *l'esprit* avec les *facultés sensorielles*, il ne nie pas « l'amour matériel », mais le « pur amour » dont sont pleins ses écrits ressemble plutôt à des amours extra-humaines.

La plus grande force de Soloviov se trouve dans sa méthode *affirmative*. Quand nous nous trouvons en présence d'un phénomène que notre intelligence ne peut expliquer, nous pouvons dire : je comprends ou je ne comprends pas, notre raison n'a rien à nier ni à affirmer. Or, Soloviov, comme tous les mystiques, *affirme*. *Credo quia absurdum*, disait Augustin. Comment discuter ?

C'est en vain que l'on chercherait dans le *mysticisme* de Soloviov l'une des formes de l'*obsession* ou d'un autre phénomène psychique. Le travail de l'imagination s'accomplit parfois au sein d'une lumière si éclatante et si subtile, que l'esprit est tenté de croire à une opération de l'entendement et à une communication extra-terrestre. Les images excitées apparaissent souvent si étonnantes, si merveilleuses que l'on croit y reconnaître la trace d'une causalité extrinsèque supérieure à l'homme et l'on transforme en vision miraculeuse un ébranlement inaccoutumé et extraordinaire de la nature. Les images intérieures se déclarent souvent avec tant de vivacité qu'elles déterminent des *excitations* pareilles à celles qui proviennent des réalités externes ce qui porte à conclure faussement à l'existence objective de ces visions. Ces excitations ne passent à l'état pathologique que lorsqu'elles détruisent l'équilibre entre la *raison* et les *sensations*. Or, cet équilibre a toujours été parfait chez Soloviov : il ignore l'extase ; on dirait que son mysticisme est le résultat de sa raison et non pas de sa perception religieuse intérieure.

L'image d'une force supérieure, le besoin d'un être surhumain apparaît généralement à l'individu isolé de ses semblables, replié sur lui-même, tandis que Soloviov menait plutôt une vie mondiale, il était toujours en contact avec la « société ». Dans sa vie privée c'était un ascète[1], mais, dans son recueillement, il ne manquait

(1) Après la suspension de son cours à l'Université, Soloviov ne vécut que de sa plume, et *très pauvrement*. « Dîner tous les jours, disait-il, est une simple habitude. L'homme peut parfaitement ne dîner que tous les *deux* jours, surtout s'il peut permettre par là à l'un de ses

jamais l'occasion de saisir un écho des voix du dehors.

Généralement la puissance de l'idée religieuse affaiblit les autres états intellectuels. Rien de pareil chez Soloviov, son activité cérébrale est restée puissante jusqu'à sa mort. Soloviov n'est pas un sectaire, il attaque « le faux christianisme », le christianisme sophistique qui règne en maître dans notre société. Ce n'est pas un fanatique, il ne tue pas en lui les affections humaines, il se consacre plutôt au service de l'humanité en général qu'à celui de *son* église. Non seulement il n'est pas *dévot*, il n'est pas *pieux*, dans le sens dogmatique du terme. Même son abstinence matérielle ne nous explique pas son mysticisme. Il est reconnu qu'il n'y a jamais eu un seul cas d'*abstinence complète*, que les mystiques ont su équilibrer leurs recettes avec leurs dépenses[1]. L'abstinence méthodique ne détermine pas le mysticisme, elle ne peut pas nous donner la clef de tous les phénomènes mystiques. Une cause quelconque change ses effets sur l'organisme, selon le procédé ou le mode d'application. Telle cause produit la mort, quand on l'applique dans toute son intensité, d'emblée ; elle n'a aucun mauvais effet sur l'organisme, si son action se fait sentir avec méthode et lenteur quelque loin qu'elle soit poussée. La privation de nourriture déter-

---

semblables de dîner aussi tous les deux jours. » Les paroles de Soloviov n'étaient jamais en contradiction avec ses actes.

(1) Charbonnier, *Maladies des mystiques*.

mine dans les tissus des fonctions destinées à sauvegarder l'individu, aussi bien chez l'homme que chez les animaux. La fonction crée l'organe et l'instinct de conservation crée la fonction. Les tissus possèdent en eux la force transformiste appropriée au besoin.

Soloviov n'est ni un névrosé ni un halluciné, c'est simplement un *contemplatif*. Chez les contemplatifs l'action du cerveau prévaut sur celle des sens externes et leur fait même prendre les effets de la *mémoire* pour les sensations réelles. Soloviov fut élevé dans une famille très pieuse de slavophiles [1], et, dès sa tendre enfance, sa *mémoire* s'imprégna d'images religieuses, réelles et abstraites.

C'est à tort que l'on considère souvent Soloviov comme un disciple de Hegel; il en est l'antipode, il applique à Hegel un criticisme sévère [2]. Soloviov est plutôt un platonicien, dans le sens idéal du terme. Théiste dans sa conception du « principe des choses », Soloviov est panthéiste dans ses idées sur le processus mondial, comme « unité absolue » [3]. Moniste dans sa compréhension principale du sens intérieur des phénomènes, il est dualiste dans sa présentation des forces fondamentales de la vie humaine. Optimiste par son évaluation du sens général de l'existence, il est pessimiste dans son appré-

---

(1) Soloviov est fils du célèbre historien russe.
(2) *La critique des principes abstraits*.
(3) Lopatine.

ciation des conditions positives du développement de l'humanité. Mystique dans son enseignement sur le caractère intuitif de notre connaissance immédiate de l'entité divine, il est rationaliste par son jugement des problèmes théoriques de la philosophie. Idéaliste et spiritualiste dans sa manière d'envisager l'essence intérieure des choses, il ne nie pas totalement le réalisme, puisque le temps, l'espace, la causalité naturelle ne sont pas seulement pour lui des visions trompeuses de notre conscience : il leur attribue une efficacité relative, mais indépendante de nos sens.

Tel qu'il est, c'est un noble penseur.

CHAPITRE II

GROTE[1] ET LE PSYCHO-IDÉALISME

I

On peut distinguer trois périodes dans le développement philosophique de Grote : positiviste, métaphysique et psycho-idéaliste.

Au commencement de sa carrière philosophique Grote est plein de foi dans la science positive, plein d'animosité pour la métaphysique. Il divise l'univers en deux parties : le monde positif et le monde des rêves.

Le réel, c'est la nature, notre conscience, nos expériences extérieures et intérieures; le rêve, c'est l'idéal insaisissable par lequel l'humanité cherche à résoudre les problèmes qui se présentent en dehors de la nature, de la conscience, de l'expérience. Le réel appartient à

---

[1] Nicolas Grote, professeur à l'Université de Moscou, fondateur et directeur (1889-1895) de la *Revue de philosophie et de psychologie* (Voprossy filossofi i psychologuii), président (1889-1898) de la *Société de psychologie de Moscou*; né en 1852, mort le 23 mai 1899. Principaux travaux : *La psychologie des sensations; La réforme de la logique; La causalité et la conservation de l'énergie dans le domaine de l'activité psychique; Nietzsche et Tolstoï; La critique du progrès; Cours d'histoire de la philosophie aux XVIIe et XVIIIe siècles*, etc.
Sokolov, *Grote kak mislitel*, Voprossy, 1900.

la science, à la raison, aux perceptions objectives; le rêve, basé exclusivement sur nos sensations subjectives, est du domaine de la métaphysique. Sans doute, on a le droit de « rêvasser » dans la vie, mais pour l'observateur conscient le rêve n'est qu'un phénomène purement psychologique. D'ailleurs, tous les problèmes philosophiques sont, dans leur fondement, du domaine psychologique. Le sentiment est la source de notre bonheur, de nos souffrances, de nos « problèmes », de nos « convictions ». Mais ce sentiment, que présente-t-il? L'investigation scientifique prouve que le sentiment n'est que l'expression subjective de l'évolution physiologique de notre constitution physique. Il paraît et disparaît comme une vague au milieu du tourbillon d'autres phénomènes physiques et psychiques.

Si la philosophie est possible, elle ne peut pas être une *science*, c'est-à-dire la connaissance résultante de l'expérience positive. La réalité positive n'a rien de commun avec les éternels changements de nos sensations. La métaphysique n'est que le produit de la fantaisie des métaphysiciens. Comme l'art, la philosophie est le fruit subjectif de la puissance créatrice : ses racines se trouvent dans la nature émotionnelle de l'homme. La philosophie n'est qu'une branche de l'art, une poésie originale, *Ideendichtung*, d'après l'expression allemande. Comme la poésie, elle est exempte de toute valeur objective et réelle. Elle ne présente pas la *cons-*

cience de l'univers, elle ne mène pas à la vérité, elle n'est qu'une appréciation subjective des phénomènes vitaux, elle n'est qu'un des moyens de satisfaire « les problèmes subjectifs ».

Telles sont, d'abord, les conceptions de Grote. Elles sont exposées dans ses thèses : *La psychologie des sensations* et *La réforme de la logique*. Jusqu'en 1885 il défend ces idées dans tous ses écrits, cours, conférences. Dans la théorie de la connaissance il n'admet que le « réalisme naïf », il cherche le criterium objectif de la vérité et le trouve dans « la loi uniforme de la nature ». Dans l'éthique, il nie l'idée du libre arbitre; par « la liberté individuelle » il entend la libération de l'individu de l'influence du milieu; il ne considère pas l'optimisme et le pessimisme comme des problèmes métaphysiques, il reconnaît la différence de la valeur éthique de l'égoïsme et de l'altruisme, mais il trouve légitime les deux théories, il les envisage comme des facteurs indispensables du développement individuel et social. Il nie la méthode subjective dans la sociologie, mais il admet la subjectivité de la fin du progrès : le bonheur du genre humain. Enfin, dans l'histoire de la philosophie, il attribue la même valeur psychologique à tous les systèmes philosophiques, ils ne sont pour lui que « des produits des esprits individuels ».

Grote, dans cette période, est absolument hostile à la métaphysique qui est pour lui la source de toutes

« les erreurs funestes » de l'esprit humain, il explique sa puissance dans le passé par « l'inertie de la pensée », il estime que le devoir de tout penseur est « de purifier le savoir de toutes les « balayures » (sic) métaphysiques. Il définit la philosophie en général : force créatrice idéale, non exempte de charme poétique, mais incapable de mener à la connaissance positive de la vérité.

II

La période métaphysique du développement philosophique de Grote commença vers 1885. Cette conversion fut-elle spontanée ? — Oui, au point de vue logique; au point de vue psychologique — non. Au fond, le positivisme ne put jamais satisfaire la nature inquiète de Grote. Il était trop sensitif pour ignorer « la grandeur et la folie du doute ».

Si vraiment en dehors du positivisme froid, tout est rêve, que reste-t-il donc de toutes nos conceptions de la vie, de nos notions du bien et du mal, du sens de notre existence, du moral et de l'immoral, que reste-t-il de notre foi dans l'idéal, dans le bonheur, dans le triomphe de la justice ? Si ces croyances humaines sont dépourvues de tout fondement réel, si la vérité, le bien, le beau, ces rêves éternels de l'homme, ne sont vraiment que des « rêves », que des illusions subjectives, que reste-t-il de toute notre vie ? Quel sens y donnerons-nous ? Ne devient-elle pas un simple chaos, sans but, sans espoir, un non-sens ? La nature a-t-elle mis en nous le sentiment de l'idéal rien que pour nous rendre victimes de l'illusion ? Ce sentiment, c'est notre conscience, notre expérience intérieure. Pourquoi n'aurions-nous pas le droit de croire à cette expérience comme nous croyons à l'expérience extérieure ? Le sentiment n'est-il pas, comme toute notre personnalité, le dévoilement des lois universelles et éternelles de la nature ? Pourquoi ne pas y voir le réel qui s'ouvre à notre esprit ? Admettons que la philosophie est une des formes de l'art, le fruit du génie créateur, mais pourquoi conclure qu'elle n'a point de valeur positive, qu'elle ne contribue en rien à la connaissance de l'univers ? Le sens positif, la fin de la vie ne se reflètent-ils pas dans les rêves du beau, du bien, du vrai ? L'art ne nous donne pas seulement des productions de valeur relative, il nous offre aussi des chefs-d'œuvre dont la valeur est réelle, incontestable, presque éternelle. Dans la subjectivité, dans la relativité de l'art nous découvrons également des éléments objectifs, impérissables : le beau existe donc en dehors du sentiment du beau. Pourquoi ne pas admettre les mêmes éléments objectifs éternels dans les productions philosophiques, pourquoi ne pas admettre un bien objectif, une vérité objective en dehors de nos sentiments personnels ? N'avons-nous pas le droit de croire que la philosophie en créant l'Idéal, y devine, pour ainsi dire, le réel, qu'elle n'est pas seulement l'appréciation subjective des choses, mais la connaissance même de la nature positive ? Nous sommes habitués à considérer comme réel ce qui est accessible à notre vue et ouïe, ce qui reste étranger à notre perception extérieure nous semble un phénomène illusoire. En est-il ainsi ? Le mirage ne se trouve-t-il pas dans le monde que nous considérons comme réel ; le réel n'est-il pas, au contraire, dans le monde « illusoire » ? Ne pourrions-nous pas y découvrir les vrais fondements du bien, du beau, du vrai ?

Nous donnons à la philosophie — comme connaissance de la réalité en dehors du sensible — le nom dédaigneux de *métaphysique* : mérite-t-elle vraiment ce dédain dont on la gratifie à notre époque positive ? N'est-elle pas basée, elle aussi, sur l'expérience, sur l'expérience intérieure de nos sentiments ?

L'expérience extérieure est-elle l'unique forme de la connaissance scientifique ? Prenons les sciences mathématiques : elles ne sont pas basées sur l'expérience extérieure, pas un seul de leurs axiomes n'est du domaine des phénomènes sensoriels. Comme la métaphysique, les sciences mathématiques sont construites uniquement par notre esprit, leurs fondements se trouvent dans des lois intérieures *a priori*. Et pourtant, les sciences mathématiques sont les plus exactes, leurs formules *a priori* des relations quantitatives sont indispensables à toute expérience extérieure et intérieure.

Pourquoi la métaphysique, cette théorie des relations quantitatives du réel, ne serait-elle pas aussi une science? pourquoi ses catégories *a priori* n'auraient-elles pas la même évidence? pourquoi la thèse métaphysique, *il n'y a pas d'objet sans sujet*, serait-elle moins évidente que la vérité mathématique : *deux et deux font quatre?* Pourquoi la loi métaphysique : *il n'y a pas de phénomène sans cause* ne serait-elle pas aussi obligatoire que l'axiome mathématique : *la ligne droite est le plus court chemin d'un point à un autre?*

Telles sont les méditations d'ordre logique et psychologique qui ont amené Grote à sa conversion métaphysique. Quel changement dans ses idées! Il admet maintenant que « la philosophie, comme connaissance de la réalité extra-sensorielle, se nomme métaphysique : et elle est une science ».

Ce qu'il considérait autrefois comme « rêve » est pour lui « réalité » et le « réel » de jadis est devenu « rêve ». Le sentiment n'est plus la source des illusions subjectives, il voit maintenant en lui le moyen d'atteindre la vérité objective ; la philosophie n'est plus le fruit du génie créateur, elle est « la connaissance du sens des choses ».

La philosophie devient pour Grote « une synthèse universelle des connaissances humaines », ayant trois sources différentes : la raison, basée non seulement sur l'expérience extérieure, mais aussi sur l'expérience intérieure, le sentiment intuitif et l'imagination créatrice. L'union harmonieuse de ces trois facteurs constitue la philosophie[1] qui par là se distingue de la religion et de l'art. La philosophie a toujours eu pour base la

(1) Pour M. G.-E. Strouvé, autre philosophe russe, il n'y a pas de *philosophie*, mais il y a des *philosophes*. La philosophie n'existe et ne se développe que dans l'esprit du philosophe. Les investigations les plus profondes, les idées les plus sensées, émises dans les travaux philosophiques, n'existeraient pas sans l'esprit philosophique lui-même ; elles resteraient lettre morte sans la vivification que leur communique l'esprit du penseur. C'est lui seul qui crée la valeur des idées philosophiques. La philosophie n'est que la manifestation de l'esprit indépendant aspirant à la contemplation — par la critique générale — de l'univers. Il y a trois types de philosophes : 1° *dialectique*, 2° *analytique* et 3° *constructif*. 1° Le *type dialectique* possède l'indépendance du raisonnement, la vivacité et l'originalité de la pensée qui se développe sous l'influence des sentiments subjectifs du philosophe ; mais il lui manque la faculté d'analyse, surtout à l'égard de ses propres produits intellectuels. Le philosophe reste isolé du monde objectif ; il s'enferme dans un individualisme exclusif, il vit en dehors du monde extérieur, en dehors du mouvement philosophique, il ne connaît que son *Moi*, rien que son *Moi*. 2° Le *type analytique* ou critique possède la faculté *d'analyser*, de *comparer*, faculté qui touche aux problèmes les plus fins et les plus délicats du savoir humain ; mais il lui manque la pensée personnelle, individuelle, originale, indépendante. Le philosophe ne s'élève jamais au-dessus des contradictions et des doutes ; il analyse les éléments les plus minutieux des problèmes philosophiques, il en construit rarement un lui-même. 3° Le *type constructif* embrasse facilement les problèmes fondamentaux du savoir humain et en dégage une conception personnelle de l'univers. Ce type comprend les grands philosophes, les génies créateurs possédant des aptitudes architecturales dans le domaine de la philosophie ; ils élèvent des magnifiques constructions de la pensée, ils unifient les théories des générations précédentes qui éveillent l'étonnement et l'admiration. Mais ces constructions sont souvent superficielles, et correspondent rarement à la réalité ; ou leurs bases sont chancelantes, ou l'idée de leur architecte n'est pas claire (*Facultés et développement de l'esprit philosophique*). *Voprossy*, 1897, III.

religion et l'art d'une époque déterminée ; il devra en être de même dans l'avenir. Grote croit que la rupture de la philosophie avec la religion rationnelle ou naturelle est un mal qui empêche de résoudre les antinomies de la raison humaine et détruit la base de l'activité morale. La métaphysique est un élément logique de la philosophie, elle est une science rationnelle et déductive.

Grote se met à reviser les systèmes philosophiques. Platon, Kant, Leibnitz, Schopenhauer lui offrent des éléments pour ses nouvelles recherches. Il aime particulièrement Platon, Leibnitz, Schopenhauer. Sa prédilection pour le philosophe de Francfort n'a rien de commun avec le pessimisme. Grote est maintenant plutôt optimiste, le pessimisme n'est pour lui qu'un état psychologique temporaire par lequel passent l'individu et la société, mais le pessimisme n'est pas une doctrine scientifique. Ce qui lui plaît en Schopenhauer, c'est sa *philosophie de la volonté*.

Grote applique à Kant un criticisme assez sévère. Il considère comme une erreur la division kantienne de la raison pure et de la raison pratique, il n'admet pas l'existence de l'antagonisme entre la connaissance et la foi. Il sait que la critique des idées peut seule combattre le *doute* et l'*illusion*. Cette critique, apparue avec Locke et Hume, poussée par Kant jusqu'aux dernières limites de la raison, a abouti tantôt au pessimisme, tantôt au positivisme, et finit par produire ce que Grote appelle « le dualisme de l'âme ». Le but de la philosophie est de combattre ce dualisme.

Grote constate, lui aussi, la dualité de la vie humaine et la lutte constante entre la nature inférieure de l'homme, anti-rationnelle, étroitement individuelle, et ses aspirations supérieures, rationnelles, sociales. Cette lutte perpétuelle se manifeste dans la pensée, dans la volonté, dans le sentiment. Dans le domaine de la raison, nos perceptions bornées par le temps et l'espace rencontrent le mouvement illimité, le vol de nos idées, de notre idéal. Dans le domaine de la volonté, nos passions, individuelles et temporaires, luttent avec les élans éternels de l'humanité vers le bien général. Dans le domaine des sentiments, nos plaisirs passagers trouvent leur contraste dans la joie spirituelle, éthique et esthétique. Mais si Grote constate la dualité de la nature humaine, il croit aussi que le but de la philosophie est précisément de combattre ce dualisme, de reconstruire l'unité entre la pensée théorique et la réalité, la conduite morale de l'homme. Le but de la philosophie est le triomphe de la nature supérieure de l'homme. La fin de la philosophie, c'est le bonheur humain, c'est-à-dire l'activité morale, — bonheur idéal, purement spirituel, capable de nous élever au-dessus des intérêts personnels et de triompher de tous les obstacles, de toutes les bornes du temps et de l'espace.

Durant la seconde période de son développement philosophique, Grote n'est pas toujours tendre pour la psychologie. Il attaque surtout la psychologie empirique, il lui reproche sa méthode. Basée sur l'observation de soi-même, cette méthode ne sort pas d'un petit cercle de faits isolés. Ces faits, qu'ils soient même nombreux, sont généralement choisis à tort et à travers. La terminologie dont se servent les psychologues est confuse, obscure. La *personnalité humaine* n'a été jusqu'à présent bien saisie, comprise et décrite que par les poètes, romanciers, historiens, jamais par les psychologues de profession. C'est le roman qui nous offre des observations vivantes et exactes et non pas la science psychologique, celle-ci se borne aux thèses *ad hoc*, elle n'analyse jamais rigoureusement les faits isolés.

La théorie de l'association des idées est une théorie purement formelle, elle constate des faits, elle n'explique pas leur origine, leur nature. Grote n'attaque pas seulement l'empirisme, mais aussi le phénoménisme. Il critique la tendance de la psychologie moderne à se renfermer exclusivement dans le domaine psycho-physiologique. La psychologie ne doit chercher qu'à étudier les idées, les sentiments, les actions des individus et des peuples, se manifestant dans l'histoire de l'humanité, dans la science, les lettres, l'art.

Nous verrons tout à l'heure que Grote, plus tard, élargit sensiblement le champ d'investigation de la psychologie, il va même lui donner une place prépondérante dans sa nouvelle conception de l'univers.

III

Après avoir erré pendant dix ans dans le monde métaphysique, Grote revient, vers 1895, à ses idées primordiales, — à l'empirisme. Il se réconcilie avec la psychologie. Il s'aperçoit que cette science a fait des progrès considérables, que ses découvertes sont vraiment capables d'introduire de nouvelles théories dans notre connaissance de l'Univers. Sans doute, la science psychologique, dans son état actuel, est encore obligée de se tenir aux observations de détail, aux généralisations vagues. Sans doute la psychologie n'a pas encore abordé des « théories larges » ; l'orgie de facticisme qui sévit à notre époque devient parfois inquiétante, mais Grote convient que « les travaux expérimentaux ont un grand rôle à remplir dans la psychologie ».

Pour élargir son propre horizon, Grote se met à étudier l'anatomie, la physiologie, la psychiatrie, et il arrive bientôt à la conclusion que ce qui manque à la science psychologique, c'est « l'idée fondamentale ». Cette « idée fondamentale » doit exister, elle existe sans aucun doute, il faut la chercher, il ne faut pas que le facticisme la rejette au second plan. Grote se met à la chercher.

C'est alors qu'il expose son hypothèse de *la transformation de l'énergie physique en énergie psychique*. Il est convaincu que cette hypothèse renferme l'idée fondamentale de la psychologie. Le rôle de la psychologie est de rechercher « s'il existe dans le domaine des phénomènes psychiques une énergie particulière, si cette énergie est soumise, comme toutes les autres, à la loi de la conservation et forme une partie des énergies naturelles, qui ne pourront plus alors être considérées comme purement physiques, mais plutôt comme psycho-physiques, c'est-à-dire susceptibles de prendre une forme psychique, ou plus simplement comme des formes différentes d'une seule et même énergie universelle ». Ce problème dont dépend l'avenir de la psychologie doit être envisagé en dehors de toutes considérations métaphysiques et pratiques.

Grote, lui, croit que l'énergie psychique existe, comme existe une énergie calorique, rayonnante, magnétique, obéissant, comme toutes les autres énergies de la nature, à la loi de la conservation. Grote ne prétend pas nous donner la solution de ce problème théorique, il cherche seulement à en établir l'hypothèse qui pourrait servir à des recherches postérieures. Il établit les quatre points suivants : 1° la conception de l'énergie psychique est aussi admissible que celle de l'énergie physique ; elle possède les mêmes mesures *quantitatives* et les mêmes formes variées ; 2° l'organisme humain subit la transformation constante des énergies physiques en énergies psychiques et des énergies psychiques en énergies physiques ; 3° comme les énergies physiques, les énergies psychiques se transforment de l'état potentiel en état cinétique et de l'état cinétique en état potentiel ; 4° rien ne s'oppose à ce que la loi générale de la conservation de l'énergie soit appliquée aux processus psychiques.

Si l'on découvre que tout processus psychique, comme tout processus physiologique, est soumis à la loi de la conservation de l'énergie, il apparaîtra désormais que la conception d'une énergie psychique pourra seule donner à la science psychologique l'*idée fondamentale* dont elle a besoin.

« Les principes de la science énergétique ne s'opposent pas à l'existence d'une forme psychique de l'énergie [1]. »

Il s'agit d'abord d'établir que l'énergie psychique est susceptible d'une évaluation quantitative. Les expressions, les épithètes dont se servent les différents langages montrent suffisamment qu'on peut établir des degrés dans l'énergie intellectuelle ; les locutions *homme de talent, homme de génie, sot, homme d'esprit* ne sont pas autre chose qu'un essai d'établir une quantification intellectuelle ; de même les récompenses, les

---

[1] Une traduction allemande du travail de Grote (*Die Begriffe der Seele und der psychischen Energie in der Psychologie*) a été publiée dans les *Archiv für Systematische Philosophie*, 1898. Voir l'analyse de ce travail. *Revue philosophique*, janvier 1899.

statues élevées aux hommes célèbres sont un indice des mêmes tentatives.

Est-il vrai que la loi de la conservation de l'énergie est applicable à l'énergie psychique comme elle l'est à l'énergie physique ? Grote paraît en être convaincu.

Dans chaque individu il y a un certain équilibre dans la disposition des énergies psychiques ; le développement d'une forme particulière d'énergie s'oppose généralement au pareil développement d'une autre forme ; celui dont l'élément intellectuel prédomine n'est pas sensible aux émotions ; un passionné, un sensitif ne possède pas toujours un fort développement d'énergie intellectuelle. L'équilibre entre les différentes énergies psychiques constitue ce qu'on appelle *caractère, personnalité*. Si l'on considère l'énergie psychique sous sa forme potentielle, on constate le même équilibre. On trouve cette forme potentielle dans le sommeil, dans la mémoire ; même ce que nous considérons comme facultés supérieures — talent, génie — consiste dans la potentialité de l'énergie psychique. Le développement excessif de nos énergies psychiques amoindrit nos énergies physiques ; l'exercice physique immodéré anéantit nos énergies psychiques : mémoire, volonté, forces créatrices. Le développement, la diminution, le rétablissement de nos énergies psychiques ne s'expliquent que par la transformation de ces énergies en énergies physiques et inversement.

Grote croit que son hypothèse énergétique n'est pas en contradiction, même au point de vue de la théorie de la connaissance, avec l'idéalisme le plus pur. D'abord elle n'exclut ni la méditation ni l'observation, elle leur fournit seulement un autre point de vue : extérieur et quantitatif.

Ce qu'on a appelé jusqu'ici l'*âme* est pour Grote « le substratum de l'énergie psychique[1] ». Il croit aussi, et nous sommes d'accord avec lui, que le courant psychique, comme le courant électrique, comme l'énergie calorique, peut passer, *a priori*, dans d'autres corps, même à travers le temps et l'espace. Grote illustre cette idée de peu d'exemples, et pourtant ils abondent. Il suffit, par exemple, de rappeler un événement historique déterminé pour que les énergies psychiques de ceux qui ont créé cet événement renaissent, à travers le temps et l'espace, dans d'autres individus, dans d'autres générations.

Élucider ces problèmes, telle est la tâche, la mission de la psychologie expérimentale. Dans la théorie de Grote, la psychologie expérimentale occupe la zone comprise entre la métaphysique et le phénoménisme. Ce

---

(1) M. Tschelpanov, professeur à l'Université de Kiev, voit avec raison dans la philosophie de Descartes les théories du monisme psycho-physique moderne. Descartes reconnaissait l'existence de deux substances : matérielle et spirituelle ; seulement, il n'admettait pas l'influence réciproque des processus psycho-physiques. (*Théories contemporaines sur l'âme.* Otscherk sovremennich outscheny o douschè.) *Voprossy*, 1900, II.

ne sont pas les substances, ni les phénomènes, mais les faits de la vie psychique qui doivent lui servir de terrain pour ses investigations. Ces faits sont accessibles à l'observation empirique comme à l'évaluation métaphysique.

IV

C'est aussi dans la théorie énergétique que Grote puise sa conception du progrès. En 1883 il donnait à la notion du progrès une définition plutôt subjective, dans l'esprit de Spencer : « Une économie d'énergies de la nature aboutissant à l'accroissement de la somme des plaisirs de l'individu et à la diminution de la somme de ses souffrances. » Plus tard, Grote introduisit dans cette définition, l'élément objectif : « Le progrès est le développement de la valeur morale de la vie, une sorte de postulat moral pour chaque individu par rapport à l'humanité. »

Définitivement, la conception du progrès, suivant Grote, est composée de quatre éléments : 1° l'augmentation de la valeur morale de la vie; 2° le développement de la conscience; 3° la transformation des formes inférieures de l'énergie en des formes psychiques supérieures; 4° l'accumulation et la conservation de l'énergie vitale, psychique et intellectuelle. Tous ces éléments sont liés les uns aux autres. L'économie de l'énergie dans la nature est le principe du progrès; sa substance est l'augmentation de la valeur morale de la vie humaine. « Vaincre le temps, l'espace et la causalité physique naturelle, dans le but d'arriver au loisir, à la liberté de l'esprit. L'idéal, c'est le loisir et le pouvoir de s'abandonner au travail mental, à la vie contemplative, à l'activité spirituelle. » Le développement de la nature, de l'homme, de l'univers est rationnel et prédéterminé par la raison souveraine, par « la conscience interne de l'univers » qui admet la liberté de la raison humaine. La raison souveraine existe dans la nature non seulement comme élément subjectif, mais aussi comme « conscience personnelle de l'organisme de l'univers », comme une monade spirituelle, supérieure. En d'autres termes, Grote cherche à concilier le théisme avec le panthéisme, et il fait sortir de cette conciliation une sorte d'éthique qu'on pourrait appeler *psycho-spirituelle*. Les problèmes éthiques n'ont pas pour lui un caractère purement intellectuel, il trouve qu'ils sont aussi du domaine de la psychologie. Il distingue, avec Schopenhauer, entre le *principe*, règle suprême du devoir moral, et son *fondement*, sa raison d'être. Il y a deux solutions du problème du fondement de l'éthique : l'utilitarisme et l'idée pure du devoir de Kant.

L'homme aspire au bonheur et tâche d'éviter la souffrance, c'est là la loi qui domine tous les êtres vivants. L'histoire des systèmes éthiques prouve qu'il est absolument impossible de trouver un fondement de conduite morale sans aucun lien avec le bien individuel. Ni la morale religieuse, ni celle de Kant, ni même la « compassion » de Schopenhauer ne nous enseignent de ne pas tenir compte de la « loi individuelle » dans l'exécution des commandements moraux. Et, cependant, la morale fondée sur l'égoïsme est dépourvue de toute valeur éthique. Grote cherche à résoudre cette antinomie. Il se déclare adversaire des théories sur la morale de l'utilité et du plaisir. L'égoïsme n'est pas la négation de l'altruisme, mais sa réaffirmation dans ou par l'individu, c'est une forme concrète, un degré de l'altruisme. Pour lui, l'altruisme est un effort de l'univers entier vers la vie, dans ses formes supérieures. Il définit l'altruisme : la volonté mondiale de vivre. L'égoïsme est une sorte de localisation de cette volonté.

Admettant l'existence d'une substance universelle, l'*esprit*, qui nous élève au-dessus de notre vie physique, Grote croit, avec Tolstoï, que c'est par la substitution à sa nature purement animale de sa force spirituelle intérieure que l'homme peut arriver à préférer à son *moi individuel*, périssable, l'idéal universel, éternel.

C'est en servant l'humanité d'une manière désintéressée que l'homme peut atteindre le bonheur suprême.

Grote est ici d'accord avec M. Émile Boutroux. « C'est en se donnant, dit l'éminent philosophe français, que l'homme prend vraiment possession de sa dignité d'homme[1]. » Il faut ajouter que pour se donner moralement il est nécessaire de se posséder moralement. Seul l'homme, ayant conscience de sa dignité d'homme, ayant conscience de sa force morale intérieure, est capable, effectivement et consciemment, de servir la société.

La foi de Grote dans la noblesse de la nature humaine, dans le bien objectif, communique à ses théories éthiques un caractère vraiment puissant et véridique.

[1] Communication faite à l'Académie des sciences morales et politiques à propos de notre ouvrage : *La philosophie sociale dans le théâtre d'Ibsen*. Séance du 8 décembre 1900. Bulletin de l'Académie, 1901, mars.

CHAPITRE III

TROITSKY ET L'EMPIRISME

I

Troïtsky [1] a, l'un des premiers, introduit en Russie la psychologie empirique allemande et anglaise. « Le but de ce travail, dit-il dans la préface de sa *Psychologie allemande*, est de démontrer l'insolubilité et le non-sens de toute « métaphysique de l'âme » qui prétend être une science, serait-ce la métaphysique de l'idéalisme de Fichte, de Schelling, de Hegel ou la métaphysique du réalisme de Kant. Les preuves de l'insolubilité de la métaphysique résultent non seulement de mes analyses des principaux systèmes de la psychologie allemande de la première moitié du XIX° siècle, mais aussi de la psychologie anglaise depuis Locke et Bacon. »

Troïtsky cherche à démontrer que l'irruption de la métaphysique dans la psychologie ne contribue en rien

---

(1) Matvéï Troïtsky, professeur à l'Université de Moscou, fondateur et premier président (1885-1889) de la *Société de psychologie de Moscou*; né le 1ᵉʳ août 1835, mort le 22 mars 1899. Principaux travaux : *La psychologie allemande*, 2 vol.; *La science de l'esprit*, 2 vol.; *La logique*, etc.

Belkine, *Pamiaty Troïtskaho*, Voprossy, 1900.

à « l'éclaircissement des problèmes spirituels ». Si les résultats de la psychologie allemande de la première moitié du xix⁰ siècle furent négatifs, c'est que les philosophes allemands de cette époque s'occupèrent plutôt de la « métaphysique de l'âme » que de la psychologie. Sans doute, ils adoptèrent les recherches des psychologues anglais, mais ils cherchèrent moins à les continuer qu'à les approprier à la métaphysique scolastique qui resta toujours dans la psychologie allemande.

Ainsi Kant s'assimile certaines déductions de la philosophie critique de Locke et de Hume ; Frize se trouve sous l'influence de D. Stuart, etc., mais tous conservent les traditions de la scolastique. Troïtsky se déclare surtout ennemi de Kant. Suivant lui, c'est avec ce dernier que commence le mouvement réactionnaire contre les méthodes inductives dans la philosophie dont on trouve déjà quelques tendances en Allemagne au xviii⁰ siècle. Troïtsky ne reconnaît pas Kant comme le fondateur de la philosophie critique, c'est à Locke qu'il décerne ce titre. Kant demeure toujours, comme Leibnitz et Wolff, rationaliste et dogmatiste, malgré sa réfutation du dogmatisme. En dépit du mot « Kritik » qui figure sur la première page des œuvres de Kant, ce dernier ne se doute même pas de ce qu'est la méthode critique analytique, inductive... Kant créa une classe privilégiée d'idées (*forme, catégorie, idée de la raison*) et par là même il dirigea de nouveau les efforts des philosophes allemands vers des investigations scolastiques[1].

Troïtsky est plus bienveillant pour la psychologie anglaise et pour la psychologie allemande du commencement de la seconde moitié du xix⁰ siècle, il prédit dans son ouvrage un bel avenir à la psychologie expérimentale.

Il est surtout admirateur de Bacon, auquel il emprunte une épigraphe pour sa *Psychologie allemande :* « Homo, anaturæ magister et interpres, tantum facit et intelligit quantum de naturæ ordine revel mente observaverit ; nec amplius scit vel potest. » Il ne professe la même admiration que pour Descartes, « dont les luttes contre la scolastique furent plus acharnées, plus fortes, plus persuasives que celles de Bacon », mais il reproche à Descartes d'avoir donné trop de préférence à la méthode déductive, tout en reconnaissant la méthode inductive d'investigation.

II

La *Psychologie allemande* est le seul travail de Troïtsky qui eut une certaine influence sur le mouvement philosophique en Russie. Son ouvrage *La science de l'esprit* manque d'esprit scientifique : une série de diverses observations d'ordre psychique, sans analyse,

---

(1) *Psychologie allemande*, t. II, p. 20 et 450.

sans aucune coordination, sans introduction et même sans conclusion. On y trouve cependant des pages qui réfutent absolument les idées émises dans la *Psychologie allemande*. Ainsi il n'exclut plus totalement la métaphysique « du domaine des investigations intellectuelles de l'homme », il lui laisse, au contraire, un assez beau rôle : celui de supprimer l'antagonisme entre la science et la foi et d'établir entre elles l'harmonie suprême. C'est là le but, la fin de la métaphysique, et, pour l'accomplir, elle doit avant tout être critique. « Pour éviter (?) toute contradiction », l'auteur se déclare toujours partisan « d'exclure la métaphysique de la psychologie ».

Même la valeur scientifique du livre de Troïtsky : *La logique*, est supérieure à celle de *La science de l'esprit*. Sans doute, l'ouvrage reflète la logique anglaise, celle de J.-S. Mill et de Bain, mais on y trouve des idées un peu embrumeuses, trop subtiles, et par cela même presque originales. Voici, par exemple, comment Troïtsky définit la philosophie. La philosophie ne peut pas être séparée de la science, mais elle ne peut non plus coïncider avec elle. Elle ne peut pas être une *science*, mais *scientifique*, tout en restant problématique et hypothétique. La philosophie est « le système des origines de toutes les sciences » — (la science des sciences?) — « théoriques, pratiques, abstraites et concrètes ». La *logique* est l'origine, la base de tout système philosophique dont le couronnement est la *philosophie de la religion*. Un tel « système » est encore impossible, nous devons donc considérer à l'heure actuelle comme étant de la *philosophie* les « sciences » suivantes : la logique, la psychologie, l'éthique, l'esthétique, la philosophie du droit, la philosophie de la religion et la « métaphysique ».

Troïtsky oublie que la philosophie n'est pas la religion. Sans doute l'histoire des religions touche de près à l'histoire des systèmes philosophiques, mais il ne faut jamais les confondre. La religion précède, la philosophie suit : c'est la seconde qui explique la première.

CHAPITRE IV

PRÉOBRAJENSKY ET LE SCEPTICISME

I

Vassily Préobrajensky[1] est un philosophe-philologue. Qu'il étudie Platon ou Dante, Kant, Pascal, Nietzsche ou Leibnitz, il étudie tout d'abord son auteur au point de vue philologique ; il cherche à saisir chaque phrase à pénétrer le sens de chaque terme, la *vraie pensée* de son philosophe qu'il soumet, pour ainsi dire, à une analyse microscopique dont il réunit ensuite tous les éléments épars, philologiques, logiques, psychologiques pour en composer un système, une unité complète.

Il aimait beaucoup les sciences mathématiques, il s'occupait surtout de géométrie analytique. Cette science exacte lui procurait une sorte de satisfaction intellectuelle qu'il ne trouvait pas toujours dans la philologie

---

(1) Vassily Préobrajenski, directeur de la *Revue de philosophie et de psychologie* (Voprossy filossofii i psychologuii), né le 5 octobre 1864, mort le 11 avril 1900. Principaux travaux : *Œuvres de Leibnitz* ; *Éthique de Spinoza* (traduction) ; *Le réalisme de Spencer* ; *Théorie de la connaissance chez Schopenhauer* ; *Nietzsché et la morale d'altruisme*, etc.

S.-N. Troubetskoï, *Pamiaty Preobrajenskaho*, Voprossy, 1900.

Mais son esprit ne se renfermait dans la sphère de l'abstraction que pour y découvrir le mouvement vital de la pensée, la logique de l'idée pure.

Il étudia consciencieusement tous les systèmes philosophiques sans adhérer à aucun : ni le matérialisme, ni le spiritualisme, ni l'empirisme, ni le néo-kantisme, ni la métaphysique rationnelle, ni la philosophie individualiste, aucun système ne satisfit ses exigences purement logiques. Il aimait pourtant la philosophie, il l'aimait pour elle-même. C'était, certes, un sceptique, mais un sceptique plein d'amour pour la vérité, la désirant de tout son être. Il attachait à la philosophie un rôle prépondérant dans le développement intellectuel et moral de l'humanité.

Quand on voulut nommer Préobrajensky professeur à l'Université de Moscou, il refusa : « Je suis trop subjectif pour enseigner la philosophie; je suis trop sceptique, » disait-il à ses amis. Il était sceptique par amour de la philosophie, sceptique par l'énergie de son esprit critique, et son scepticisme se pénétra de sa philosophie, comme sa logique s'affermit au contact de ses recherches mathématiques. Ses travaux philologiques contribuaient au développement de son scepticisme. Il y a une sorte de parenté chimique entre le scepticisme et la philologie. Il n'est pas rare que les sceptiques s'abandonnent à la philologie et que les philologues deviennent sceptiques. On le constate chez les philologues et les sceptiques de l'antiquité, chez les sophistes et humanistes de la Renaissance, enfin chez les penseurs du xixᵉ siècle, chez Renan, par exemple.

Nul mieux que le philologue ne comprend la fausseté du verbe humain, nul mieux que lui ne sait comment naissent, évoluent, meurent et renaissent les idées des hommes. Dans son éternelle poursuite de la compréhension objective de la parole, le philologue revit, pour ainsi dire, et mieux que nul autre, les théories, les systèmes divers et opposés, et cela seul mine sa foi dans les dogmes philosophiques. A force de contempler la diversité de la vie intellectuelle de l'humanité et les paroles, souvent les mêmes, par lesquelles elle se manifeste et s'exprime, le philologue finit par étudier le verbe pour le verbe et non plus pour l'idée qu'il renferme. Les enseignements philosophiques et moraux lui apparaissent comme des créations sublimes de l'humanité, mais il les étudie, avant tout, comme un philologue.

Chez Préobrajensky, le doute philosophique et le criticisme logique communiaient dans l'amour instinctif de la philosophie.

II

Vassily Préobrajensky s'occupa d'abord de la philosophie anglaise ; mais la logique empirique et la psychologie ne tinrent pas longtemps son attention en éveil. Plus tard il nia même la valeur philosophique de la psychologie contemporaine. Sa thèse de doctorat était bien *Le réalisme de Herbert Spencer*, mais la philosophie « synthétique » de ce dernier ne le satisfaisait point.

Abandonnant l'empirisme, Préobrajensky s'éprit de Kant et des métaphysiciens, antiques et modernes. Ces derniers ne lui offraient pas pleine satisfaction, mais la belle profondeur de la métaphysique l'attira. Il reconnaissait la subjectivité inévitable de la pensée humaine et la relativité de la pensée pure. C'est par là qu'on peut expliquer sa sympathie pour les philosophes qui nous ont livré leurs « idées intimes », sous forme de *pensées*, *aphorismes* ou *sermons* : Amiel, Pascal, Serën-Kjerkegaard.

Préobrajensky aimait Schopenhauer pour la profondeur de son lyrisme philosophique, il aimait Platon pour son génie et pour l'idéale honnêteté de sa pensée. Si ces penseurs passionnaient Préobrajensky, il n'était pas cependant leur disciple : il leur appliquait un criticisme sévère. Il prenait chez chacun d'eux ce qui correspondait le mieux à ses propres idées. Il subit beaucoup l'influence de Kant, surtout au point de vue des problèmes moraux. L'idéalisme humanitaire de Guyau versa aussi sur lui ses bienfaits. *La morale sans obligation ni sanction* du regretté philosophe français captiva Préobrajensky, mais ses amours philosophiques étaient toujours de courte durée. A l'auteur de l'*Irréligion de l'avenir* succéda celui de *Also sprach Zarathustra*.

Nietzsche n'est pas seulement un penseur, il est surtout un poète; l'idée et l'image sont inséparables dans ses écrits. Préobrajensky aime en lui le philologue plus que le philosophe. Il admet avec le penseur allemand que le sens de la vie humaine n'est pas le bonheur médiocre de l'animal, mais la poursuite d'un but supérieur, l'effort vers la vérité; il ne cherche pas, cependant, comme Nietzsche, à démolir l'*édifice humain* pour mettre à nu les bases sur lesquelles il repose; il ne crie pas : « En avant ! Chasse de ton âme le mécontentement de toi-même, tu possèdes une force capable de t'élever vers la *Connaissance;* » il ne prêche pas la religion du Surhomme : il n'y croit guère. Ce qu'il aime, c'est la religion de la beauté morale de l'humanité, en général, sans faire de distinction entre la « morale des maîtres » et la « morale des esclaves ». Dans son étude sur Nietzsche il cherche à démontrer que, tout en prêchant la puissance illimitée de la volonté de l'homme supérieur, Nietzsche était pénétré de l'amour du genre humain. Le trait d'union entre eux est la passion de la musique. Comme Nietzsche, Préobrajensky envisageait le phénomène musical au point de vue purement philosophique. Il s'occupait beaucoup de l'histoire de la musique.

La musique a le secret d'exprimer les émotions, les sensations les plus intimes de la vie intérieure de l'homme. Si la musique est incapable de reproduire l'image d'un être ou d'une chose, elle sait évoquer des rythmes et des harmonies qui traduisent toutes les vibrations de l'âme humaine : joie et tristesse, silence et fraîcheur, doute, passion, aspiration vers l'infini... Si elle ne nous explique pas la vie, la musique nous la fait aimer. Dans les jours les plus sombres de son existence, Beethoven, poursuivi par l'idée du suicide, écrivait : « L'art seul m'a retenu. »

C'est dans l'amour de la musique que Préobrajensky trouva le but de sa courte vie. Ne possédant pas assez de foi pour adhérer à telle ou telle école philosophique, c'est l'esthétique musicale qui le rapprocha des hommes, le rendit plus indulgent aux antinomies du monde...

III

Préobrajensky aimait le paradoxe.

« La haine instinctive du paradoxe, écrit-il, est l'une des meilleures preuves de la vulgarité de la pensée. Toute théorie, toute idée positive apparaît tout d'abord sous forme de paradoxe. La théorie de Copernic n'apparut qu'un paradoxe ; la conviction de Colomb qu'il est possible d'atteindre les rives des Indes ne fut, au commencement, qu'un paradoxe ; les idées de Platon furent considérées comme des paradoxes ; toute pensée qui s'écarte un peu de l'opinion courante n'est-elle pas envisagée comme un paradoxe ? »

Le scepticisme est généralement paradoxal ; il est paradoxal pour les philosophes qui ont foi en tel ou tel système, il l'est aussi pour la foule qui n'aime point douter et préfère n'importe quel enseignement au poison du doute. « Il y a des hommes, dit Préobrajensky, chez qui la modicité n'est pas seulement l'un des éléments de leur nature, mais tout leur idéal : pour ceux-là le scepticisme est sans danger ; mais ils ne l'aiment pas comme destructeur de leur tranquillité. »

Il y a cependant scepticisme et scepticisme, comme il y a foi et foi. Il y a un scepticisme faux qui présente simplement l'indifférence pour la vérité, la paresse de l'esprit et la froideur du cœur. L'ironie est la seule arme de cette sorte de scepticisme. Il y a la foi qui masque seulement le vide de ceux qui la confessent. Mais il y a aussi une foi vivante, profonde, généreuse, foi dans la vérité, dans la justice qui illumine l'existence humaine. Il y a aussi un scepticisme franc, fruit d'un esprit fort et d'un noble cœur. C'est là le scepticisme de Préobrajensky. « Nous sommes devenus trop rationalistes pour avoir la foi, dit-il, mais nous sommes encore incapables d'admettre la suffisance triomphante du rationalisme. Nous avons perdu la foi, mais nous conservons l'angoisse de sa perte (*Toska po veré*). Nous gardons à jamais la conviction que la religion est une

création humaine, que la diviniser serait un « péché
« immoral », mais il y a des moments où ce péché nous
attire trop... »

Celui qui écrit ces lignes cherche, involontairement,
à coup sûr, à travers son scepticisme, non pas la foi,
mais une foi...

« Heureux celui, dit Préobrajensky, qui n'a jamais
entendu dans les profondeurs de son être le murmure :
la vie n'a pas de sens. Ce murmure ment peut-être : *la
voix intérieure* se trompe généralement, et pourtant, il
est aussi difficile de s'en défaire que des hallucinations.
Quelle puissance de volonté il nous faut pour nous défaire de ces hallucinations. Le manque de cette force
fait souffrir la majorité des hommes qui pensent... »
Ce ne sont pas là des paroles d'un épicurien.

Préobrajensky ne croyait pas au « progrès » de l'humanité, mais il niait aussi le « droit au pessimisme ».
Pour avoir le droit de poser la question de la valeur de
la vie, pour avoir le droit d'y répondre par la négation,
il faut connaître la vie dans toutes ses manifestations.
Or, notre humanité maladive, les masses bornées, les
hommes à l'idéal et aux sentiments dégénérés, ne
peuvent pas répondre à la question : Que vaut la vie
humaine? Quand l'humanité se créera une nouvelle et
puissante culture — si jamais ce moment arrive — alors
seulement elle aura le droit de jugement sur elle-même,
sur la vie, sur l'homme.

Faut-il chercher une réponse à nos tourments dans la philosophie, ou faut-il s'endormir dans le tran-tran quotidien ? Par orgueil ou par crainte de médiocrité nous ne voulons pas nous contenter, souvent, d'un « menu bonheur ». Sommes-nous trompés quand nous nous y abandonnons ou quand nous le laissons échapper ? Où est la sagesse ?

Si, par habitude ou inconscience, nous acceptons, dans la vie, un « bonheur médiocre », dans la philosophie, qui ignore les petitesses et qui n'a point de limites, il nous est impossible de le faire, nous y cherchons toujours davantage, elle nous fait aspirer vers l'absolu... Le trouvons-nous ? Hélas ! non, surtout dans la pensée philosophique contemporaine qui présente « un contentement médiocre des formules acquises... »

C'est du scepticisme un peu simpliste, mais ce qui plaît surtout chez Préobrajensky, c'est justement sa simplicité, sa virginité d'âme. « La plus sûre vertu, disait Renan, est celle qui est fondée sur le scepticisme spéculatif[1]. »

(1) *Drames philosophiques*, p. 31.

CHAPITRE V

L'HISTOIRE DE LA PHILOSOPHIE[1]

I

M. S.-N. Troubetskoï est l'historien de la philosophie ancienne. Son ouvrage *Le Logos*[2] est d'une valeur scientifique précieuse pour les philosophes; l'auteur éclaire d'une lumière nouvelle la philosophie grecque, la « culture hellénique chez les Juifs », leur « idéal messianique » et surtout la belle figure de Philon que M. Havet considère comme « l'un des premiers Pères de l'Église[3] ». M. Troubetskoï présente Philon comme un éclectique d'Alexandrie qui voulut concilier le judaïsme avec la philosophie grecque. Philon considère Moïse comme un philosophe instruit à toutes les sagesses égyptiennes, chaldéennes et helléniques et pénétré de la « révélation divine ». Moïse est symbolique, il n'écrit pas, il *prêche* sa philosophie avec grandeur et pureté, comme une révélation supérieure ; les systèmes

(1) *Coup d'œil sur les récents travaux.*
(2) *Outschenié o Logossé*, Moscou, 1900.
(3) *Le christianisme et ses origines*, t. III.

philosophiques grecs expriment les tendances de la raison humaine à pénétrer cette révélation mystérieuse. Philon cherche à identifier le symbolisme de Moïse avec l'éveil de la raison humaine, chez les Grecs. Philon n'a pas de système, n'a pas de méthode, c'est un éclectique rhétoricien dans la philosophie comme dans la littérature ; il a subi l'influence des stoïciens et celle des sceptiques ; c'est un médiateur entre le platonisme et le stoïcisme et qui prépare le néo-platonisme. C'est un théologien érudit et un apologiste convaincu du judaïsme. M. Troubetskoï fait ressortir avec beaucoup de finesse la morale et le dualisme psychologique de Philon. Le monde extérieur, pour le philosophe juif, n'est que le reflet de la vie morale de l'humanité. Le bien est le but de l'univers, son principe, sa fin, sa loi. Le bien se réalise par l'activité consciente de l'homme. L'éthique et la psychologie de Philon sont inséparables.

M. Troubetskoï a étudié aussi *La métaphysique des anciens Grecs* et *Les fondements de l'idéalisme*. Il se montre partout et toujours grand érudit et idéaliste convaincu.

Nous devons également indiquer les ouvrages de M. E.-N. Troubetskoï, frère du précédent : a. *La philosophie de la théocratie chrétienne au v° siècle*, et b. *La valeur générale des idées de Platon et d'Aristote*. L'auteur analyse les théories politiques et sociales, absolument opposées les unes aux autres, de ces grands penseurs de l'antiquité.

Et puisque nous parlons de Platon, il est impossible de ne pas nommer M. Lutoslawski[1] qui s'adonne depuis longtemps aux études de la philosophie de Platon ; il nous offre même une *nouvelle méthode pour déterminer la chronologie des dialogues de Platon*. Elle consiste à reconnaître d'après la terminologie et le vocabulaire l'époque de la composition des dialogues, ce qui est d'une importance capitale pour reconnaître l'authenticité des dialogues de Platon et pour comprendre la philosophie platonicienne, puisque l'on arrive ainsi à prouver que l'idéalisme poétique de Platon n'est exposé que dans les dialogues qui datent de sa jeunesse, tandis que dans ceux qu'il écrivit plus tard il incline vers une théorie plus ou moins positive de la connaissance.

II

A l'occasion du jubilé de Descartes, Grote, Oumov et Lopatine consacrèrent à l'auteur du *Discours sur la méthode* des études approfondies[2]. Ils considèrent Descartes comme le véritable fondateur de la philosophie

---

(1) M. Lutoslawski est Polonais, sujet russe ; il a professé pendant trois ans à l'Université de Kazan (1890-93).
(2) *Voprossy*, 1896.

scientifique. Son influence en Russie ne peut rivaliser qu'avec celle de Kant. Ils y ont aussi, tous les deux, des adversaires. Parmi ces derniers se trouve M. Lopatine [1], qui présente Kant comme le défenseur de la théorie transformant la loi morale en forme de la raison pure. Les règles empiriques de la conduite morale, ayant pour but le bonheur individuel et collectif, n'ont rien d'absolu, elles évoluent sans cesse. Au contraire, la règle unique, que la raison accepte sans examen comme faisant partie intégrante de la conscience humaine, est absolue, immuable. Le but qu'elle poursuit n'est pas le bonheur, ce n'est ni l'homme concret, ni l'humanité, c'est l'*Idée générale* d'individu et d'humanité. Lopatine reproche à Kant de nous faire revenir à la théorie des intuitivistes. Les fondements de la loi morale de Kant — le libre arbitre, l'immortalité de l'âme et l'existence de Dieu — ne sont, en somme, que des hypothèses. M. Lopatine [2] veut aussi que l'on renonce au scepticisme de Bacon, de Descartes, de Spinoza. Lopatine est spiritualiste.

Le kantien russe le plus éclairé reste toujours M. Alexandre Wedensky, professeur à l'Université de Saint-Pétersbourg ; une grande partie de ses travaux sont consacrés à Kant. M. Wedensky a aussi publié dernièrement une étude sur l'*Athéisme dans la philoso-*

(1) *La doctrine morale de Kant.*
(2) *Problèmes éthiques et la philosophie contemporaine.*

phie de Spinoza. Il considère les théories de Spinoza comme athéistes, mais il croit que Spinoza lui-même ne le fut pas.

Ivantsov est l'historien de *Bacon* et de *Leibnitz*[1]. Auguste Comte a toujours des disciples parmi les philosophes russes. M. Guerié, le savant historien, fait ressortir *son rôle dans la science historique*[2]; M. Loukianov cherche à dégager la *biologie positive d'Auguste Comte*[3] et M. Vassiliev étudie *Comte comme mathématicien*[4]. « Son nom, dit-il, doit occuper, surtout, une place particulière dans l'histoire de la philosophie mathématique. »

III

M. Philippov, dans un ouvrage intitulé : *La philosophie de la réalité*[5], analyse les principaux systèmes philosophiques. L'auteur commence par poser ces questions : La philosophie est-elle possible de nos jours ? Le moment n'est-il pas venu de renvoyer aux archives non seulement les vieux systèmes métaphysiques, mais la conception même d'une méthode philosophique,

---

(1) Voprossy, 1899 et 1900.
(2) *Ibid.*, 1898.
(3) *Ibid.*
(4) *Ibid.*
(5) *Philosophia diestvitelnosty*, 2 vol. in-8°, 476 et 1176 p. Saint-Pétersbourg, 1895-1897.

particulière et différente d'autres méthodes scientifiques ? Si nous rejetions toutes les généralités que la philosophie a empruntées au domaine des sciences spéciales, que resterait-il de cette philosophie, si ce n'est de vains mots ?

Ce sont là des questions qui se posent fréquemment, et un tel scepticisme à l'égard des spéculations philosophiques semble fondé. Il suffit de se rappeler les tentatives faites en faveur de la renaissance des études métaphysiques pour comprendre la résistance énergique que leur opposent ceux qui sont pénétrés de l'esprit de la science contemporaine.

Les partisans de la science expérimentale s'éloignent de plus en plus de toute philosophie et trouvent que la science évinçant les théories philosophiques les rend au moins superflues. Le sort des systèmes philosophiques qui ont eu leur moment glorieux confirme ces conclusions. Ce sera assez de se rappeler l'influence qu'exerçait dans son temps la philosophie de Hegel et l'indifférence dans laquelle elle se trouve aujourd'hui. L'enseignement de Hegel n'a pas été réfuté par d'autres théories philosophiques : il a été simplement écarté par l'évolution de la pensée scientifique. Certes, les admirateurs tardifs de Hegel affirment encore son influence sur le développement des sciences naturelles et le mettent même parmi les prédécesseurs de Darwin ; mais on sait que le darwinisme représente l'une des expressions de la doctrine évolutionniste et que le principe général de la philosophie de Hegel n'est que l'idée de développement; mais c'est un fait indéniable que Hegel était l'adversaire résolu de la doctrine *biologique* du développement.

Quant à l'antipode de Hegel, Schopenhauer, il semble au premier abord que sa méthode philosophique diffère de celle de Hegel, et qu'il accorde une large place aux sciences expérimentales en général et aux sciences naturelles en particulier, mais une étude plus approfondie nous prouve que pour Schopenhauer les faits des sciences naturelles n'ont d'importance que s'ils répondent aux desseins de sa doctrine; dans les cas contraires, il déclare que la science n'a fait aucun progrès depuis cinquante ans.

Les noms de Hegel et de Schopenhauer suffisent pour montrer l'antagonisme implacable existant entre la science et les systèmes idéalistes les plus connus de notre siècle.

Il n'y a rien d'étonnant, dit M. Philippov, que le dédain des philosophes pour la science ait amené beaucoup de savants à faire peu de cas des recherches philosophiques.

Une question, cependant, se pose : l'anéantissement de certains systèmes philosophiques est-il la conséquence d'une fausse direction, ou devons-nous le considérer comme la preuve de l'inutilité de toute philosophie ?

Renonçant à l'idée que la philosophie domine toutes les sciences, il s'agit de savoir si la philosophie elle-même représente une science spéciale qui demande des méthodes particulières d'investigation ?

M. Philippov ne reconnaît pas la philosophie comme science spéciale. Si la philosophie, dit-il, est une science comme, par exemple, l'astronomie ou la physique, il faut préciser le sujet de son investigation. Tout le monde admet que la géométrie a pour but la recherche de l'étendue, et l'astronomie celle des corps célestes. Or, il n'y a pas deux philosophes qui soient d'accord sur le sujet de la philosophie.

Les anciens confondaient la philosophie avec la science : pour eux la philosophie était une science dans le sens le plus large du mot. Newton, Hobbes et d'autres penseurs anglais ne font aucune différence essentielle entre la philosophie et les sciences naturelles. En Allemagne, la philosophie scientifique contemporaine, qui date de Kant, considère la philosophie comme l'investigation de nos facultés.

Le mérite de réconcilier la philosophie avec la science revient à Auguste Comte. L'un des problèmes de sa philosophie positive est l'unification des résultats principaux de la science; cette philosophie cherche un rapport rationnel et conscient entre *tous* les phénomènes de l'univers. L'enseignement d'Auguste Comte a cependant un très grand défaut : le dogmatisme superflu.

Comte ne donne aucune place à la critique : il n'analyse pas, il proclame. Au contraire, l'œuvre de la philosophie doit être une œuvre critique, et son système doit avoir le caractère non pas d'un recueil de dogmes, mais d'un corps de déductions correspondant à l'état actuel de la science.

Les thèses scientifiques les plus importantes ont été fondées non par la philosophie, mais par la science ; tous les fondateurs des plus grandes théories scientifiques étaient non seulement des savants spécialistes, mais aussi de grands philosophes. C'est ainsi que Darwin s'est acquis une gloire par son *Origine des espèces* et non par la monographie sur les crustacés ; de même Descartes et Leibnitz sont reconnus à la fois comme savants et philosophes. Galilée, Newton, Helmholtz, ont incontestablement droit à une place dans l'histoire de la philosophie, de même que Hegel et Schopenhauer, avec cette seule différence que les principes scientifiques jouent chez eux un rôle plus important que les systèmes métaphysiques.

Toutefois, malgré les restrictions importantes apportées à la philosophie, après que l'on eut écarté les absolus métaphysiques, elle n'en a point pour cela perdu son droit à l'existence ; au contraire, elle a élargi encore son domaine, qui se rapproche de la science sans se confondre avec elle.

Les hypothèses tombent, les systèmes changent, seule

la science ne périt point, elle progresse toujours : c'est le sort qui attend la philosophie si elle se transporte définitivement sur le terrain scientifique.

Mais outre l'élaboration scientifique de la contemplation harmonieuse de l'univers, la philosophie a encore un problème — le plus important — à résoudre, à savoir : En quoi consiste la morale ? et Comment faut-il vivre ?

La philosophie ne peut pas exister sans les questions morales. « La philosophie pour la philosophie », comme « l'art pour l'art », — c'est une absurdité pure. Car, enfin, avons-nous le droit d'oublier des problèmes plus importants et plus vitaux que des spéculations abstraites ? Quels sont ces problèmes ? S'agit-il du salut de l'âme par la mortification ascétique de la chair, ou du retour à l'âge d'or ? Est-il question de liberté politique, ou de répartition des biens ? Tout cela dépend des théories, des sectes, des partis, etc. En tout cas, il est bien clair qu'il y a des enseignements qui tendent à soumettre la science à la recherche d'un but supérieur. Il suffit d'indiquer la philosophie de Léon Tolstoï [1].

Tolstoï ne nie pas la science ; au contraire, il cherche à substituer à la science moderne une autre science qui mériterait le nom de sagesse. Selon Tolstoï, le but de la vraie science doit être la recherche de la morale.

---

(1) Voir notre *Philosophie de Tolstoï*.

Évolutionniste convaincu, M. Philippov pense que l'ontologie même est le produit d'une longue évolution ; il trouve aussi que la métaphysique du moyen âge se rapproche beaucoup plus de la vie réelle de cette époque qu'on ne le croit ordinairement. La fameuse controverse entre les nominalistes et les réalistes du moyen âge n'est autre chose que la lutte de la libre pensée contre l'autorité ; c'est l'individualisme qui commence la guerre contre la hiérarchie : voilà le vrai sens de la polémique d'un Roscellin ou d'un Abélard. Passant des controverses scolastiques aux questions plus récentes, l'auteur trouve que l'individuel n'est pas en contradiction avec l'universel ; il en fait, au contraire, le fond. L'espèce n'est que la somme des variations individuelles. Il n'existe pas d'archétypes antérieurs aux individus, comme le croyait le célèbre anatomiste Owen et comme l'affirme encore aujourd'hui Max Müller ; mais les variations individuelles en s'intégrant deviennent typiques. Poursuivant cette idée, l'auteur arrive à l'analyse de la « crise de la métaphysique », il rejette la solution de Platon et aboutit logiquement à l'idéalisme critique de Kant. Pour Kant, la raison n'est qu'un principe « régulatif », systématisant ; quand la raison devient constructive, quand elle commence à créer des concepts nouveaux en leur imputant l'objectivité, elle n'arrive qu'à la construction de mirages. Après la partie critique de l'idéalisme kantien, Philippov arrive au dogmatisme. Kant rejette le principe « économique » de la pensée. D'après Kant, la classification naturelle est basée sur le principe transcendantal *a priori*, qui n'est pas le résultat de l'expérience, puisqu'au contraire c'est lui qui rend l'expérience possible. C'est le dogme que réfute M. Philippov. « Le principe *a priori*, dit-il, dont parle Kant, n'aurait pas de sens s'il n'était basé sur l'expérience. » Le même argument est appliqué au principe de la spécification et au troisième principe transcendantal de Kant, celui de la continuité. Pour Kant la maxime scolastique *Natura non facit saltus* n'est qu'une idée pure ; M. Philippov considère la non-concordance de cette idée avec les faits biologiques dont parle Kant, comme l'effet du principe de divergence, élucidé par Darwin. M. Philippov n'est pas cependant darwiniste dans le sens strict de ce mot ; il est plutôt néo-lamarkien. Il consacre quelques chapitres à la réfutation des théories de Weismann et de ses disciples relativement à l'omnipotence de la sélection naturelle. L'auteur applique le même point de vue lamarkien à l'évolution psychologique, il discute avec Valdémar Wagner, l'auteur de la *Zoopsychologie*, qui considère les araignées et les insectes comme des automates.

M. Philippov, se basant sur la philogénie même des vertébrés ainsi que sur les données de l'anatomie comparée, soutient la thèse de la similitude essentielle des instincts dans le monde animal entier. L'action instinctive est déterminée par deux conditions : elle est automatique comme *volition*, mais en même temps étroitement liée à la *perception consciente*. M. Philippov a fait des expériences sur l'araignée *Epeira diadema* et il a constaté que sa construction est automatique, mais cela ne la prive pas d'une certaine initiative quand elle est obligée de travailler dans des conditions imprévues. Quant aux fourmis et abeilles, M. Philippov se base sur les expériences de M. Wagner qui a « décapité » ces insectes pour étudier le rôle de leur centre nerveux principal, analogue, mais non homologue au cerveau des vertébrés. L'auteur estime, avec l'éminent neuropathologue russe, M. Bechterev, que lorsque le système nerveux central se différencie et en même temps s'intègre, les fonctions psychiques appelées conscientes s'attachent à des centres spéciaux, tandis que les autres, conscients, deviennent sous-conscients et enfin se transforment en centres des actions inconscientes purement réflexes.

L'évolution biologique et psychologique nous amène à l'évolution des sociétés animales et à celle des sociétés humaines. M. Philippov ne dit pas, avec Marx, que « le matérialisme économique explique l'histoire », il voit pourtant dans le principe économique le facteur le plus important de l'histoire de l'humanité.

L'auteur se demande si les lois de notre vie sociale sont des vraies lois? Cette question se rattache à l'antinomie célèbre du libre arbitre et de la nécessité ; Kant a posé la question : il ne l'a pas résolue. M. Philippov croit que non seulement le libre arbitre, mais aussi la *nécessité absolue* ne sont que des mirages. Si l'on reste dans le domaine de la science, on ne trouve qu'un arbitre relatif et une nécessité relative, cela veut dire déterminée par les conditions extérieures. Il réfute les théories subjectivistes du progrès, il croit que c'est la contrainte, la force extérieure qui est l'opposition de la volonté libre. Le fatalisme n'est qu'un fantôme. La théorie juridique de la société, c'est-à-dire la société n'existant que grâce aux normes législatives ou quasi législatives, n'a pas de raison d'être ; au contraire, la théorie de la *loi naturelle* des philosophes du XVIII° siècle, la dialectique sociale de Rousseau, peut être unie aux nouveaux principes scientifiques et sociologiques. La faute de Rousseau est de chercher l'idéal dans la vie primitive, mais les traits principaux de cet idéal peuvent être conciliés avec la science moderne. Le progrès n'exclut pas l'intégrité de l'individu. M. Philippov trouve que « le progrès industriel de notre siècle a porté ses bons fruits ». Nous ne pouvons pas être ici d'accord avec l'honorable auteur. Où donc sont-ils, ces « bons fruits » ? Est-ce le paupérisme des masses qui augmente à mesure que grandit « le progrès industriel » ? « Le capitalisme, poursuit l'auteur, est démocratique, malgré lui-même. » Cet aphorisme demande à être démontré. Nous pensons au contraire que le capital n'est jamais démocratique, il absorbe, paralyse toutes les forces libres et démocratiques, il tend toujours vers l'exclusivisme, vers l'absolutisme, il domine le travail ; le capital est le meilleur soutien des gouvernements despotiques. « Dire que l'évolution industrielle est la seule base de la réforme sociale, continue M. Philippov, ce n'est pas prêcher l'indifférentisme moral. » Nous ne pouvons pas considérer l'évolution industrielle comme la seule base de la régénération sociale. Le premier jalon de toute rénovation, individuelle ou sociale, est la *conscience* et la *morale*, non pas la morale conventionnelle, mais la *morale intérieure*. Or, le capital démoralise, il engendre la lutte et la haine. Le capitalisme et l'amour sont incompatibles. Ce n'est pas l'évolution industrielle, c'est la conscience, c'est l'amour qui peuvent hâter la solution des grands problèmes sociaux que le XIXe siècle lègue aux générations futures.

IV

Lotze est l'un des plus originaux philosophes du XIXe siècle ; son influence sur des penseurs comme

J. Volkelt, Czolbe[1], Eduard, V. Hartmann[2] et même sur Wilhelm Wundt[3] a été considérable. Pourtant, la philosophie de Lotze est encore peu connue. On a maintes fois discuté certaines parties de son œuvre, mais personne n'a jamais songé à étudier l'ensemble de son enseignement et à en dégager pour ainsi dire un corps de doctrine.

Ce n'est pas que cette lacune ait été très sensible pour l'histoire de la philosophie, mais nous devons néanmoins savoir gré à M. Ozé[4] de l'avoir comblée — et non sans succès. Il ne nous déplaît pas de voir en Lotze non seulement un métaphysicien, mais surtout un individualiste et un psychologue, comme le savant russe le présente.

Lotze subordonne tout à la sensibilité, — le bien, le plaisir, l'esthétique, la morale, — tout. Le bien, dit-il, existe dans le sentiment vivant des êtres conscients et non pas en dehors d'eux. C'est le sentiment qui nous fait comprendre la valeur de la vie, et non l'esprit, indifférent et impassible. Comme le bien, la beauté suppose par son existence la sensibilité. La beauté

---

(1) *Neue Darstellung des Sensualismus*, Leipzig, 1855. Voir aussi F. Lange, *Geschichte des Materialismus und Kritik seiner Bedeutung in der Gegenwart*. Fünfte Auflage. Leipzig, 1896.

(2) *Das Grundproblem der Erkenntnisstheorie*. 1899.

(3) *Grundzüge der physiologischen Psychologie*. 3º édition, 1897.

(4) *Personalisme i proektivisme v'metafisiké Lotze*, 1 vol., 476 p. in-8º, Derpt, 1896.

n'existe pas en dehors du sujet impressionnable ; elle ne pourrait guère surgir dans l'homme s'il n'était qu'un être pensant, point sensible. L'harmonie des éléments perdrait tout son sens, si le sujet auquel elle plaît ne connaissait la sensation. Des arguments théoriques seuls ne suffisent pas pour établir une distinction entre l'harmonie et la disharmonie. La beauté ne peut pas être mesurée par la conception, etc., etc. Et de même pour toutes les impressions esthétiques. La valeur des impressions ne consiste pas dans l'idée abstraite que l'on en tire, mais dans le *sentiment* qu'elle fait naître dans le sujet impressionné. (D'où la théorie généralement admise que l'homme né artiste a une organisation à part ; il a les sensations plus fines et plus vives ; il n'est pas maître de ses impressions, il ne s'observe pas ; il ne cherche pas à se rendre compte de ce qu'il *pense*, mais de ce qu'il *sent ;* il a, comme les enfants, la joie prompte et la tristesse soudaine ; il est le jouet de son imagination, laquelle est le jouet d'une organisation nerveuse que tout *impressionne*. L'artiste est essentiellement nerveux, impressionnable, sensitif.)

Quant à la morale, Lotze trouve qu'elle ne peut pas être considérée comme une addition accessoire de l'activité représentative ou consciente, — mais elle aussi relève de la sensibilité. Si l'observation ou la non-observation des lois morales ne causait à personne ni plaisir ni déplaisir, il serait absolument impossible de comprendre pourquoi l'observation et non l'inobservation des lois morales se présente à nous comme un devoir. La philosophie pratique de Kant tâche de séparer les lois morales des intérêts égoïstes, mais cette théorie paraît trop rigoureuse en niant le lien incontestable qui existe entre la notion du *plaisir* et celle de la *valeur*. Il ne faut pas considérer le plaisir sous *toutes ses formes* comme but supérieur des aspirations humaines. Les formes du plaisir sont différentes, elles se distinguent par leur contenu qualificatif. Le plaisir ou le non-plaisir en eux-mêmes sont aussi irréalisables que le mouvement indéfini sans direction ni vitesse. Le plaisir lui-même n'est qu'une idée inachevée tant que l'on n'a pas démontré son but supérieur. Notre plaisir, certes, dépend de notre propre nature, puisque nous n'éprouvons rien sans notre sensibilité ; on ne peut pas cependant établir une distinction entre nos divers sentiments de plaisir et les variétés qualificatives de nos sentiments. Le plaisir ne coïncide nullement avec l'égoïsme. Il est absolument injuste d'affirmer que le plaisir ne contient pas d'éléments permettant de distinguer ses formes nobles et supérieures de ses formes inférieures et égoïstes.

Passant à l'individualisme de Lotze, nous constatons qu'il ne reconnaît comme *réel* ni la matière ni l'idée, mais uniquement les sujets vivants qui portent en eux le caractère de leur propre *moi* ; ce sont eux qui engendrent — dans des conditions déterminées — l'image du monde étendu. Les conceptions et les idées ne peuvent ni agir ni souffrir par elles-mêmes ; le *moi* seulement et l'esprit individuel représentent le vrai sujet capable d'agir. Tout ce qui se produit dans l'histoire n'a lieu que grâce aux pensées, aux sensibilités, aux passions et aux efforts de personnalités individuelles, et ce n'est que le bonheur et le désespoir, l'admiration et la répugnance, l'amour et la haine des êtres individuels mêlés dans la marche de l'histoire qui en font la valeur. Lotze paraît individualiste même dans ses conceptions sur le développement historique et sur l'éducation de l'humanité. L'éducation n'est possible que par le développement et le perfectionnement de l'individu ; or, la notion de l'individu n'est pas applicable à l'humanité. L'humanité n'est pas un sujet réel, mais une association d'individus isolés. Les individus ne présentent pas une notion universelle de l'humanité, mais des parties d'une unité dans laquelle chaque membre occupe une place particulière. Le progrès ne s'exprime pas dans la marche entière de l'histoire, mais dans chacun de ses points, c'est-à-dire dans des personnes individuelles dont se compose l'histoire.

M. Ozé parle ensuite de la métaphysique pure de Lotze. C'est un ouvrage très documenté ; ainsi les notes et la partie bibliographique occupent presque la moitié du livre (p. 277-477).

V

M. L.-E. Obolensky vient de publier un *Essai sur l'histoire critique de la philosophie*[1]. L'auteur estime que la philosophie critique et — particulièrement l'histoire critique de la philosophie — doit être basée sur la science positive, laquelle, à son tour, ne doit pas se borner à la seule critique rationnelle : elle doit explorer les idées comme la biologie explore les types des animaux ou des plantes, c'est-à-dire, définir les espèces et variations d'idées dans leurs rapports avec les phénomènes sociaux, économiques, politiques, religieux, ethnographiques, etc. Les vieux systèmes philosophiques étaient les « produits instinctifs » ne s'occupant que de la critique rationnelle ou logique. Chacun d'eux envisageait l'objet de l'investigation à un seul point de vue matérialiste, spiritualiste, idéaliste, agnostique, dogmatique, etc., — qui correspondait à l'originalité du penseur ou aux particularités de son milieu. Cette méthode est erronée. La méthode de la critique psychologique, beaucoup plus exacte, présente aussi des inconvénients ; la psychologie ne peut pas prendre en considération les « circonstances influentes », elle-même peut toujours être influencée

---

[1] *Istoria misli*. 1 vol. in-8°, x-356 p. Saint-Pétersbourg, 1901. Autres ouvrages de M. Obolensky : *Le développement des sensations ; Les idées de Tolstoï ; Le néo-marxisme*, etc.

par les phénomènes temporaires : la psychologie doit être complétée par la critique sociologique et historique. La lutte entre les vieux systèmes philosophiques n'était, en sa substance, que la division *inconsciente* du travail philosophique. Cette lutte tend maintenant à disparaître (?) : « les fractions les plus opposées de la pensée travaillent à présent côte à côte ». M. Obolensky croit que les lois de la division consciente du travail doivent être appliquées à la philosophie, comme elles le sont déjà au domaine de la science pure et de l'industrie. La coopération des diverses fractions de la philosophie aboutira à l'*unité philosophique* qui se confondra avec l'histoire scientifique de la pensée et donnera un épanouissement grandiose de la philosophie scientifique. Les problèmes considérés jusqu'à présent comme « inconnaissables » deviendront clairs. L'insuccès des vieux systèmes a fait perdre la foi dans la puissance de la pensée. C'est cette perte qui a produit l'agnosticisme positiviste et l'agnosticisme théologique. La pensée a toujours lutté avec l'agnosticisme. Le besoin d'une philosophie métempirique est beaucoup plus impératif que l'on ne croit. Même les positivistes ne sont pas exempts du besoin d'avoir un système métaphysique quelconque; ce n'est pas un besoin de curiosité, il est nécessaire à la conservation même de la pensée.

Les méthodes de la pensée primitive furent essentiellement les mêmes que celles des savants des temps présents ; la seule différence consiste dans la qualité et la quantité des faits de l'expérience. *La théorie de l'âme des primitifs*, *la volonté aveugle* de Schopenhauer, *l'évolution* de Spencer, *les lois scientifiques* d'Auguste Comte, *la morale transcendante* de Kant, — ce sont des hypothèses d'après lesquelles nous vivons en nous adaptant à des substances inconnues et hypothétiques. Les bases de toutes ces méthodes sont les mêmes : induction, déduction, hypothèse. La supériorité du savant contemporain consiste en ce qu'il connaît les investigations de ses prédécesseurs auxquelles il applique de nouvelles connaissances, de nouveaux calculs. La fin de la pensée théologique, comme celle de la pensée positiviste, est la conservation de l'unité sociale. Le but de la pensée métaphysique est la conservation psychique, c'est-à-dire « la liberté individuelle dans la pensée ». La théologie comme le positivisme d'Auguste Comte — qui n'est pas celui de M. Obolensky — ne veulent pas aller au delà des lois scientifiques ; la métaphysique, elle, ne cherche que la *vérité*. M. Obolensky admet que Comte a rendu des services immenses à l'humanité : il a séparé la science empirique des problèmes métaphysiques. Mais aujourd'hui, quand cette séparation est atteinte, la pensée humaine a le droit de se faire libre, de se débarrasser des entraves limitées du positivisme, elle doit être basée uniquement sur l'expérience. M. Obolensky croit voir la renaissance de la métaphysique « expérimentale » chez les auteurs français Fouillée, Guyau et dans certaines pages de Tarde (*Les lois sociales*).

La *pensée* est une force naturelle, l'instrument de la conservation de l'individualité. Le développement historique de la pensée est autonome, il s'accomplit en dépit de toutes les influences nuisibles, souvent après des luttes avec d'autres forces de la nature ; elle n'est soumise qu'à la volonté qui est sa force dirigeante. « La pensée est esclave de la volonté, mais esclave noble cherchant à se libérer peu à peu. » L'auteur retrace « les étapes historiques de l'évolution de la pensée », il admet, avec Tarde, que toutes les formes de la pensée se répètent au cours de l'histoire, avec certaines différences qualitatives et quantitatives. La division dans le domaine des idées est un phénomène naturel. Cette division existe dans l'art, dans la science pure, comme dans l'industrie, mais elle n'empêche pas « de travailler à l'unification de divers types ». La division des idées n'est que la division inconsciente du travail. L'auteur analyse les « influences sociales sur la pensée » qu'il désigne sous le nom d' « influences sociogénitiques ». Il ne met pas, avec Karl Marx, les conditions économiques au premier rang de ces influences ; les luttes politiques, religieuses, nationales jouent aussi un grand rôle dans la formation de la pensée. Il en donne comme exemple le « patriotisme erroné » de la Russie qui forme à son tour l'« étrangérisme », c'est-à-dire l'admiration aveugle pour tout ce qui n'est pas russe. Il y a en Russie deux formes de l'*étrangérisme* : « l'occidentalisme et l'orientalisme » ; toutes les deux sont des produits du mécontentement conscient ou insconscient de la politique intérieure. L'influence de la lutte des groupes sociaux sur la pensée éthique est toujours grande. L'apparition d'un nouveau courant dans la pensée humaine concorde toujours avec un nouvel ordre de choses dans l'état de la société. L'ébranlement du polythéisme en Grèce apparaît en même temps que la pensée philosophique de Socrate et des stoïciens. Le mécontentement contre le pouvoir des papes au xvi° siècle, la nouvelle formation de la bourgeoisie en France au xviii° siècle, le « quatrième état » de nos jours, tous ces phénomènes sociaux coïncident avec de nouveaux courants dans le domaine des idées. On proclame des vertus nouvelles qui ne diffèrent, en leur substance, des anciennes que par l'esprit de négation ou d'affirmation. Ainsi se forment les sectes religieuses, les partis politiques dont les formes sont toujours exagérées. Tout se réduit, au fond, à une lutte de partis. Le combat change en victoire et ceux qui ont lutté contre la vieille aristocratie constituent, à leur tour, une nouvelle aristocratie sociale et commencent à combattre les partis naissants, etc. Mais chaque lutte apporte sur l'arène de l'histoire quelque chose « de plus large, de plus démocratique ». Les plus basses couches de la pyramide sociale tendent les unes après les autres à s'élever plus haut, et quand la dernière couche sera au niveau du sommet, l'idéal éthique aura atteint sa fin suprême et son développement ne rencontrera plus d'obstacles. Cet idéal, c'est « l'amour pour tous ou l'altruisme absolu ». La démocratisation de l'humanité est en même temps sa moralisation, dans le sens le plus élevé du mot *morale*, dans le sens de Socrate, de Jésus, de Kant, de J. S. Mill, etc.

VI

Pour terminer ce chapitre nous signalerons une étude très curieuse de M. Guiliarov sur les *Idées du XIXe siècle en France*[1]. Ce travail résume à peu près l'opinion des penseurs russes sur le mouvement des idées en France. Les idées de la fin du XVIIIe et du commencement du XIXe siècle ont subi, en France, une très grande réaction. « La France actuelle a perdu la foi, *elle la cherche*, elle la veut, elle ne la trouve nulle part. » La *foi* ici ne signifie pas la religion. C'est tout simplement une idée assez large pour expliquer l'univers et la place que l'homme y occupe, ainsi que ses sentiments, ses tendances et les questions qu'il se pose sur le bien et le mal. La *foi* chez les

---

(1) *Idéi XIX-ho veka vo Frantsii*. Voprossy, 1897.

penseurs russes veut souvent dire *Idéal*. Donc, la France, berceau des idées, a perdu la *foi*, dit M. Guiliarov. On peut objecter au philosophe russe que chercher la foi, la vouloir, c'est presque la posséder. Qui ne change pas, qui ne cherche pas, ne vit pas. Et pourquoi s'attaquer à un pays plutôt qu'à un autre? Le mouvement des idées a partout subi une réaction, non seulement chez les vieux peuples de l'Europe, mais aussi chez les peuples nés d'hier; les luttes des classes prennent partout une importance prépondérante; les bases de la vieille société tombent en ruines; on sent un malaise indéfinissable; on cherche des ressources nouvelles, des conditions morales dont dépend l'avenir de l'humanité. Il arrive un moment dans la vie des peuples — même, ou plutôt surtout de ceux qui ont connu des siècles de gloire — où ils ont besoin de rafraîchir leurs conceptions, de renouveler leurs idées, leurs forces morales. La France le sait, tout son glorieux passé le lui indique, mais elle sait aussi que le passé ne doit être qu'un objet d'études, qu'il faut le comprendre, et non le revivre. La France travaille, lutte, cherche. Il ne faut pas oublier, non plus, que tout ce qui a fait la grandeur des civilisations a toujours été l'œuvre des individus et non des collectivités. Ces individus d'élite, « suprême fruit des races supérieures », ont toujours continué et continuent toujours, en France comme ailleurs, l'œuvre de leurs devanciers. Soutenus par l'inébranlable volonté d'être vrais et sincères, ils n'ont jamais perdu l'idéal de l'humanité, les bruits extérieurs ne sauraient jamais atténuer la puissance de leur *moi*; ils savent que le silence et le recueillement sont indispensables à la pensée et au travail, seules sources de la liberté et du bonheur, et ils s'avancent toujours, et ils ont foi dans le siècle qui s'ouvre. Un siècle qui finit, un siècle qui commence, qu'est-ce que cela fait à la continuité des phénomènes naturels? N'est-ce pas un événement purement conventionnel? Mais nous trouvons véritablement dans la marche de la pensée humaine de la fin du xixe siècle, surtout en France, des germes d'idées nouvelles. Et n'avons-nous pas le droit de croire que c'est précisément le xxe qui en aura les fruits? Sera-ce à l'aube du siècle ou à son déclin? Nous n'en savons rien, mais cela ne nous empêche pas d'espérer...

CHAPITRE VI

L'ESTHÉTIQUE

I

Il y a peu d'ouvrages russes sur l'esthétique. La philosophie de l'art se manifeste surtout, en Russie, sous forme de critique littéraire et artistique. Le nom de Bielinsky [1] occupe dans ce domaine une place prépondérante. Son influence sur le développement des idées esthétiques en Russie peut être comparée à celle de Lessing en Allemagne. Doué d'un remarquable instinct d'artiste et d'une intelligence supérieure capable des plus profondes conceptions philosophiques et sociales, Bielinsky fit de la critique d'art une véritable chaire d'enseignement humanitaire.

Puis vinrent Dobroloubov [2], Tschernichewsky [3], Michaïlowsky, Skabitschevsky, Grigoriev, Strachov. Les théories esthétiques de ces deux derniers sont basées sur un « nationalisme » étroit. Tous les deux sont

(1) 1810-1848.
(2) 1836-1860.
(3) 1828-1889.

slavophiles. Strachov publia un ouvrage : *La lutte contre l'Occident*. Le titre seul indique l'esprit de ce travail qui a pourtant ses mérites : la clarté de la forme et la souplesse du style.

Dans son analyse de *Guerre et Paix* de Tolstoï, Strachov reproche à ce dernier d'avoir créé des types d'après ses propres conceptions. « Si la conception de l'artiste, dit-il, est erronée, le caractère de son œuvre le sera également. Tolstoï croit à la famille et ne croit pas à la passion, les héros de ses romans font de même. » Strachov admet cependant que *Guerre et Paix* peint largement l'idéal russe, qui consiste dans l'amour du beau, du vrai et du simple. Pour Strachov[1] tous les phénomènes esthétiques ont toujours les mêmes racines et la même fin : exprimer l'âme de tel ou tel peuple. Toute œuvre d'art doit refléter le caractère de l'époque et de la nation auxquelles appartient l'artiste. Le principe du « nationalisme » doit dominer l'art et la littérature.

Dans ces dernières années nous constatons une légère animation dans le mouvement esthétique. M. Smirnov réunit en volume son cours professé à l'Université de Kazan : *L'esthétique comme science du beau dans la nature et dans l'art*. — M. Ivantsov, dans une étude intitulée *L'idéal dans l'art*, tâche de démon-

(1) Mort le 24 janvier 1896 à l'âge de soixante-huit ans.

trer que le but de l'art est la recherche de l'idéal. Le rôle de l'artiste est de transmettre à ses semblables les sentiments qu'il éprouve. Pour M. Kalenov[1] la beauté, c'est-à-dire le plaisir esthétique, est un instinct humain primordial agissant d'abord obscurément, presque inconsciemment, et tombant peu à peu sous l'influence de la conscience. Comme instinct primordial, il est irrationnel et n'admet point d'élucidations logiques. La beauté de l'art dépend de la « vérité psychique » qui s'exprime. — M. Boborikyne[2] nie l'utilité de la critique dans l'art, il croit son rôle funeste : la critique ne cherche qu'à assujettir l'art aux besoins passagers du moment.

M. L. Obolensky tente un essai sur la théorie scientifique de l'art[3].

M. L.-E. Obolensky trouve que le meilleur procédé, le plus fécond et surtout le plus scientifique dans l'investigation de l'art, c'est le procédé *psycho-physio-sociologique*. Ce procédé consiste dans l'étude des causes ou des conditions de l'origine du phénomène artistique, c'est-à-dire dans l'étude du germe ou de la genèse de l'art.

Après avoir analysé les diverses formes de l'art : la

(1) *La beauté et l'art.*
(2) *La nature du beau.* Voprossy, 1895.
(3) L.-E. Obolensky. *Osnovi naoutschnoï teorrii iskousstva i crittiki* (Les principes de la théorie scientifique de l'art et de la critique). *Rousskaia Misl* (La pensée russe). Moscou, t. III et IV, 1895.

musique, la sculpture, la peinture, l'architecture, la poésie, etc. ; après avoir cité Darwin, Spencer, Lombroso, Tarde, Taine et beaucoup d'autres, M. Obolensky précise les éléments généraux de la genèse de l'art : 1° *l'émotion*, 2° *l'objet qui la fait naître*, et 3° *la tendance à provoquer le plaisir en examinant cette émotion;* puis, par la démonstration des faits psycho-sociologiques, l'auteur arrive à *l'idéalisation de l'objet et de l'émotion*. Quant aux autres éléments, M. Obolensky les compare au blanc et au jaune de l'œuf, qui ne sont pas le germe, mais dans lesquels ce dernier se forme et se développe.

Le germe de l'art est le désir d'embellir l'expression, de la transformer en une source de jouissance. L'art, répète notre auteur, n'est que l'expression embellie, élevée jusqu'à la perfection (dans la forme littéraire, musicale, picturale, sculpturale, etc.).

Ainsi M. Obolensky arrive à l'*émotion esthétique;* il constate qu'elle représente une des formes du plaisir et qu'elle ne diffère des autres émotions que par sa faculté de s'unir à toutes les sensations de notre âme.

L'auteur parle ensuite de la portée du type, du caractère de l'idéal et de l'élément comique dans l'art.

Voici du reste un court résumé des théories de M. Obolensky.

1° L'art est l'expression embellie de l'émotion.

2° L'émotion esthétique se communique à cette

expression par son influence sur les organes périphériques ou sur les organes centraux du système nerveux et du cerveau, — l'influence par le plaisir.

3° La particularité du plaisir procuré par l'art consiste dans sa faculté de s'unir à tous les mouvements de l'âme, c'est-à-dire aux émotions et aux idéalisations de tout genre.

4° Le caractère (élevé ou abaissé) de l'art ne dépend pas du plaisir esthétique, mais des émotions avec lesquelles ce plaisir se mêle.

5° Le plaisir esthétique n'est qu'un moyen; il ne se transforme en un but que dans les arts inférieurs.

6° Dans l'appréciation d'une œuvre d'art il faut considérer davantage la conception que l'exécution. Les critériums moraux et sociaux doivent être appliqués à la conception; à l'exécution il faut appliquer les critériums purement esthétiques.

7° L'idée contenue dans une œuvre d'art a plus de valeur que la forme.

8° Cependant une œuvre d'art dépourvue de forme esthétique est privée de son plus puissant moyen d'influence sur la *foule*, parce qu'elle n'engendre nulle jouissance.

II

Les critiques émises à propos du livre de Tolstoï, *Qu'est-ce que l'art?* sont généralement peu favorables à ses théories esthétiques tout en étant très sympathiques à l'auteur lui-même. Beaucoup considèrent l'idée de l'art universel comme une pure utopie[1]. Nous avons déjà exprimé notre opinion sur les conceptions esthétiques du grand penseur russe[2]. Sans doute l'artiste doit communier avec la foule humaine, toujours tyrannique, avec la nature entière, avec l'infini, mais il doit garder religieusement son *moi*. L'éducation du beau, chez le peuple, est encore à faire, et la foule ne saurait dégager d'un tableau la pensée de l'artiste, saisir l'impression qu'il a voulu faire naître. La communion de l'artiste avec la foule sera pour lui une source d'avantages matériels, mais aussi une preuve de sa vénalité, car ce n'est qu'en flattant son mauvais goût ou ses pires instincts qu'on obtient de la foule cette communion.

Les artistes sont des éléments de la nature, ils subissent les mêmes lois que les plantations : il y a des fleurs qui, pour mieux s'épanouir, doivent être isolées des plantes communes. C'est à cause de leurs dons d'émotion, de leur constante inquiétude, que les artistes, poètes, sont aptes à recréer dans des poèmes, statues, toiles, les bases, les éléments, les principes de la vie. Aucune loi de la nature n'échappe à l'artiste. Plus il est sensible à ses lois, mieux il en conçoit l'harmonie, plus il

(1) *Batiouschkov*. Voprossy, 1899, janvier.
(2) Voir notre *Philosophie de Tolstoï*, chapitre *Tolstoï et l'art*.

est d'accord avec l'humanité, moins il a à lutter pour faire germer, tôt ou tard, ses conceptions. Aucune idée n'est jamais perdue. Ce que médite un philosophe dans une chambre assombrie, et ce que sent le peintre dans son atelier, seul avec ses visions, chacun de nous le connaîtra. Non seulement l'humanité revit les idées des poètes, des artistes, elle en expie les souffrances. Que la médiocrité humaine méprise le pauvre artiste, le penseur timide qui passe, qu'elle admire *les autres*, ceux qui cherchent les apparences, le succès du moment, et qui se font ramasser le pinceau par les princes du jour! L'avenir n'est pas à eux, ce ne sont pas eux qui font Athènes et Rome, mais ceux qui gardent leur force intérieure, toujours et quand même, qui ne plient pas sous le joug de la foule, qui méprisent les grandeurs éphémères, qui comprennent la sublimité de leur mission.

III

La classe éclairée russe, l'*inteliguentia*, s'adonne à l'art avec une sorte de piété; ne pouvant jouer un rôle social, elle fait de l'art un sanctuaire où elle puise ses croyances. Les artistes mêmes considèrent le principe de l'art comme l'aspiration humaine vers une beauté supérieure, ils ont généralement une idée très haute de leur mission. Les ombres et les lumières, l'harmonie des lignes, des sons, du verbe, occupent moins le peintre, le statuaire, le poète, le musicien russe que la *pensée*, l'*idéal*. Dans l'art grec, dans l'art français, la beauté est le but, la beauté est l'instrument. Dans l'art russe la matière est l'instrument ; le principe, le but, la fin, c'est l'idée. Pour les artistes russes la beauté artistique ne réside pas seulement dans la réalisation technique. Pour eux, quand les œuvres d'art sont sans expression, qu'elles ne produisent aucun sentiment, elles consistent simplement dans un arrangement plus ou moins régulier, plus ou moins habile, fantastique, de couleurs, de formes, de tons, de sons. Dans ces cas, elles peuvent très bien être un exercice agréable pour le système nerveux et l'appareil cérébral en les préservant de l'oisiveté et de l'ennui, mais on doit les considérer comme totalement étrangères à l'éducation morale, au progrès de la civilisation, à l'*art social*.

Les artistes russes cherchent moins la forme que l'idée. Par l'épanouissement des splendeurs de la forme, de la poésie de la ligne, l'art grec, et plus tard l'art français, atteignent le contact entre l'idée et la matière. Cette forme, qui par sa perfection propre s'élève au-dessus d'elle-même et touche aux confins du monde invisible, est presque ignorée des artistes russes. Il leur faut, pour ainsi dire, l'idée *immédiate*, positive. Ils considèrent l'artiste comme un agent moral. La base de l'art est pour eux la vérité, la morale, son but est purement civilisateur. L'artiste est un apôtre chargé d'insuffler les grandes pensées et les nobles actions.

En cela, les artistes russes sont d'accord avec les plus grands génies universels. Beethoven a mis dans ses sonates autre chose que de la musique, il y exprimait des sentiments, des idées. Partisan du grand mouvement intellectuel issu de la Révolution, Beethoven propage dans ses symphonies des vérités morales. Suivant R. Wagner, l'art véritable ne peut prospérer que sur la base de la vraie moralité, sa fonction est d'autant plus élevée qu'il est totalement la même chose que la vraie religion (*mit wahrer Religion vollkommen Eines*[1]).

Nous n'avons pas à faire ici l'histoire de l'art russe[2], mais il nous serait parfaitement aisé de démontrer que l'artiste russe cherche, avant tout, une base morale à son art.

Ivanov est dans l'art russe ce que Soloviov est dans la philosophie. Mystique à l'âme d'artiste et de poète, il avait travaillé vingt ans à son tableau : *Apparition du Christ au peuple*, lorsqu'une mort prématurée l'empêcha d'achever. La belle figure du Juif de Nazareth a inspiré beaucoup d'artistes de génie : ceux qui n'ont pas vu le Christ d'Ivanov ignorent la grandeur du poète de

---

(1) *Religion und Kunst*. Gesammelten Schriften, t. X.

(2) L'Académie des Beaux-Arts de Saint-Pétersbourg fut fondée en 1757. L'influence de cette école officielle sur l'art russe est plutôt négative.

Bethléem. N. Gué est le continateur d'Ivanov. Grand disciple de Tolstoï, il sait s'inspirer des idées de l'ermite de Iasnaïa-Poliana. Le peintre Verestchaguine est un apôtre de la paix. Répine, dans ses deux portraits de Tolstoï, cherche non seulement la ressemblance extérieure, laquelle est frappante, il laisse transparaître l'âme même de l'écrivain dont le génie s'y révèle avec une incomparable puissance. C'est le Tolstoï de *Ma confession*, le Tolstoï excommunié par le saint synode, fondateur d'une religion nouvelle... Les toiles de Makovsky, Jaroschenko, Kramskoï sont des *pensées*, chacune d'elles présente un reflet de l'âme russe.

La sculpture est moins développée en Russie que la peinture. Cela s'explique par le fait que l'orthodoxie russe considère l'art sculptural comme étant d'origine païenne. La sculpture n'était jusqu'à ces derniers temps qu'une auxiliaire de l'architecture. Le plus grand statuaire russe, Antokolsky, est d'origine israélite. C'est un véritable artiste doublé d'un penseur ; ses œuvres reflètent de hautes et nobles conceptions. Les sculpteurs Troubetskoï et Guinzbourg s'inspirent généralement de Tolstoï.

Dans le domaine musical nous trouvons Glinka, Balakirev, Moussogorsky, Tschaïkovsky, Borodine, Rimsky-Korsakov qui ne se contentent pas de la richesse des rythmes, mais qui cherchent aussi et avant tout des idées. Antoine Roubinstein contribua beaucoup à l'éducation musicale de la société russe. Son opéra, *Démon*, et ses *Chants persans* sont d'une puissante originalité. Sérov, auteur de trois opéras : *Rognéda, Judith, la Puissance ennemie*, est en même temps un critique musical très érudit, c'est lui qui introduisit Wagner en Russie.

Il y a en Russie une branche de l'art musical capable d'offrir de riches moissons, mais qui reste malheureusement peu exploitée, ce sont les *chants populaires*, d'une variété et d'une beauté remarquables. Chaque contrée a ses expressions musicales qui reproduisent l'âme du pays, sous forme de ballades, de légendes, de romances, renfermant de mystérieuses croyances, de tendres souvenirs, des aspirations poétiques d'un charme étrange et captivant. Les airs du peuple expriment son caractère, son génie, ses mœurs, ses rêves. On a tort de ne pas transcrire ces chants, *narodnia pesny*, qui finiront par s'altérer, si personne ne se donne la peine de les recueillir.

Nous nous sommes égaré de notre sujet. Revenons à l'esthétique. La cause principale du manque d'ouvrages sur la philosophie de l'art réside dans l'absence de toute liberté de discussion. Ces entraves sont déplorables pour l'art et l'esthétique. Nous venons cependant de constater chez les philosophes et les artistes russes des tendances à unifier l'art avec la pensée. Cette union ne peut être que féconde. La philosophie et l'art partent du même principe : la réalisation d'une forme ou d'une idée.

La philosophie n'est qu'un genre de l'art, l'art n'est qu'un élément de la philosophie : les rêves poétiques fleurissent toujours dans les jardins du philosophe et de l'artiste. Quand l'art et la philosophie se rapprocheront et marcheront ensemble vers un but social, le génie, animé par la conscience des moyens et la grandeur de la fin, s'élèvera jusqu'à des hauteurs inexplorées, tirera de l'âme humaine des secrets inconnus, aidera à dévoiler l'infini vers lequel aspire l'humanité vivante.

Il est possible cependant que nous ne sachions jamais pourquoi une chose est belle, pourquoi nous éprouvons une jouissance profonde devant une fière création de Michel-Ange, devant la rougissante vierge de Léonard de Vinci ou devant l'austère madone de Raphaël ; pourquoi l'audition d'une symphonie de Beethoven éveille des émotions fines et douces ; pourquoi la vue de la nature engendre en nous des perceptions du beau. La métaphysique a renoncé depuis longtemps à éclairer ces mystères. La physiologie nous avoue son ignorance ; elle signale les modifications nerveuses que le plaisir accompagne, le lien qui le rattache à la totalité de nos sensations, mais elle ne peut découvrir le *pourquoi* enveloppé d'obscurités et de ténèbres.

Le beau existe : aimons-le puisque nous aspirons à l'aimer.

DEUXIÈME PARTIE

LA PSYCHOLOGIE

CHAPITRE PREMIER

LA PSYCHOLOGIE MÉTAPHYSIQUE ET LA PSYCHOLOGIE EXPÉRIMENTALE. — LE LABORATOIRE DE MOSCOU. — COUP D'ŒIL SUR LES RÉCENTS TRAVAUX.

I

La psychologie expérimentale a beaucoup à lutter en Russie; on lui conteste encore le droit de se constituer en une science indépendante. L'ancienne psychologie est loin de vouloir disparaître. Même l'école psychophysique ne s'est pas complètement détachée des spéculations métaphysiques. M. Lopatine[1] s'élève particulièrement contre la psychologie contemporaine « sans âme », considérant la conscience comme un simple résultat des processus cérébro-physiologiques. M. Lopatine n'aime pas l'automatisme absolu, il lui préfère la

---

(1) *Théorie parallélique de la vie et de l'âme; Le spritualisme comme hypothèse psychologique.*

théorie du parallélisme physique et psychique qui consiste à nier tout rapport de causalité entre ces phénomènes. Il regrette que la psychologie ne reconnaisse plus l'« âme » comme source des phénomènes psychiques, source indépendante du corps ; « seuls les processus physiologiques du cerveau et du système nerveux lui expliquent la vie psychique! » Les psychologues ont aussi une très grande prévention contre le spiritualisme ; ils prétendent que le spiritualisme n'a rien donné de vraiment scientifique, rien que des hypothèses métaphysiques. « Ce jugement est-il bien juste? — s'écrie M. Lopatine — le spiritualisme n'a-t-il rien donné? Et le monisme physiologique? Sans doute, il a beaucoup de qualités scientifiques, mais il a aussi des défauts. « Suivent quelques critiques et la défense du spiritualisme. Si la psychologie spiritualiste a relativement fait peu dans le domaine des investigations psychophysiques, c'est parce que ce domaine n'existe pas depuis bien longtemps. Les anciens matérialistes n'y ont presque rien apporté non plus. La science physiologique de Hobbes est-elle meilleure que celle de Descartes? Non. Lopatine considère Descartes comme le père de la psycho-physiologie et en même temps du spiritualisme contemporain. En somme, M. Lopatine plaide — et assez chaleureusement — pour la compatibilité du spiritualisme et de la psychologie, c'est-à-dire pour la psychologie métaphysique.

M. S. Troubetskoï[1] trouve que la psychologie contemporaine est devenue une scolastique morte : elle n'explique pas les faits. M. N. Chichkine[2] se déclare partisan d'une psychologie fondée sur l'emploi des méthodes mathématiques. Les lois quantitatives de la psychologie expérimentale doivent être étudiées comme des hypothèses auxquelles on appliquerait le calcul et l'analyse ; la science inductive doit se transformer en science déductive.

En réalité, toutes les branches de la psychologie se développent parallèlement, au milieu des critiques diverses et réciproques ; la psycho-physique, la psychologie physiologique, métaphysique et même le spiritisme dont les grands prêtres sont Aksakow et Wagner. Pour eux la psychologie est la science de l'âme, et à l'expérimentalisme ils opposent les problèmes de la télépathie. M. M. Aksakow va jusqu'à reconnaître en spiritisme la possibilité de la matérialisation du corps du

---

(1) M. Troubetskoï s'élève aussi contre la philosophie moderne. Le rôle de la philosophie consiste à élucider la question des rapports du genre et de l'individu, de l'universel et du particulier. Or, elle divise encore aujourd'hui les esprits autant qu'à l'époque de Platon et d'Aristote. La philosophie moderne a vainement cherché à affaiblir cette antinomie. Expliquant l'univers par la conscience individuelle, la philosophie moderne est incapable de comprendre la nature de la conscience elle-même. La grande erreur de la philosophie moderne, c'est de n'avoir examiné que la première partie de la question ainsi posée : La vérité est-elle accessible à la connaissance individuelle, et, si oui, la conscience est-elle elle-même un fait absolument individuel ? (*La nature de la conscience humaine.* Voprossy.)

(2) Voprossy, 1891.

médium, *matérialisation complète*, c'est-à-dire celle d'une figure humaine, disparue, visible et tangible, qui, pour l'œil, ne diffère en rien d'un corps humain vivant. M. Aksakow croit à ce phénomène qui est le développement le plus élevé, le *non plus ultra* de la matérialisation.

On peut dire qu'en général, les tendances de la psychologie contemporaine se portent en Russie vers les procédés rigoureux d'investigation auxquels les sciences physiques et naturelles doivent leurs progrès.

Ainsi l'Université de Moscou possède un *laboratoire de psychologie* dirigé par M. A. Tokarsky. La plupart des instruments servant aux recherches psychologiques dans ce laboratoire ont été construits à Leipzig sur le modèle de ceux que l'on emploie au laboratoire de Wundt [1]. La collection d'instruments et d'appareils du laboratoire de Moscou se complète de plus en plus, elle ne le cède presque en rien à celle des laboratoires de l'Occident; on y trouve les appareils de Wundt, de Hipp, de Cattel, jusqu'aux tubes de Geissler.

Le local du laboratoire peut contenir une cinquantaine de personnes. Les travaux qu'on y exécute sont de deux catégories : les travaux *en commun* et les travaux *individuels*. Les premiers se font sous la direction immédiate de M. Tokarsky; quant aux seconds, on

[1] Depuis 1895 une grande quantité de ces instruments sont exécutés dans les ateliers mécaniques de Moscou.

laisse à chacun la liberté absolue dans le choix du sujet ou de la question, on lui demande seulement la vérification de ses expériences d'après des méthodes strictes. Les personnes déjà expérimentées peuvent faire des recherches indépendantes suivant leur propre méthode, en utilisant tous les appareils du laboratoire. Un cours régulier de psychologie expérimentale se fait pendant la durée de l'année scolaire. Les exercices pratiques ont lieu deux fois par semaine.

II

Parmi les plus récents travaux, nous devons indiquer l'étude de M. N. Marine : *L'Influence de la fatigue sur la perception des rapports spatiaux*. L'auteur cherche à prouver que toute fatigue agit sur la perception des rapports d'espace dans le même sens que la souffrance physique ou la douleur morale sur la perception des rapports de temps. — M. V. Worobiow, dans son *Essai de classification des mouvements expressifs d'après leurs genèses*, constate que les mouvements expressifs traduisant nos impressions, nos sensations, nos émotions intérieures, sont : 1) inconscients, 2) mi-conscients et 3) conscients ; ils passent par trois phases évolutives : 1) imitative, 2) modificative et 3) symbolique[1]. — M. N.

---

(1) Il y a quelque chose de commun entre cette théorie et celle de M. Ribot émise dans son ouvrage *L'évolution des idées générales*.

Schatalov[1] étudie *l'activité psychique inconsciente et son rôle dans la vie humaine*. Notre organisme est exposé aux diverses influences extérieures. Nous les subissons involontairement et inconsciemment; elles agissent sur nos organes et se gravent dans notre cerveau, en y transformant ses cellules, transformation inaccessible encore aux investigations scientifiques. Les études psychologiques ne sont pas assez développées pour qu'elles puissent nous expliquer tous les phénomènes qui se produisent dans le laboratoire compliqué du cerveau. Il est cependant certain que les cellules cérébrales, en percevant les impressions, subissent des changements, des modifications, des perturbations. Ces perturbations laissent dans le cerveau des traces objectives, images des objets perceptibles et des traces subjectives : l'irritation des tissus qui crée la *sensation*. Ainsi, les influences extérieures engendrent dans notre cerveau des images abstraites et la perception de ces dernières par notre conscience. L'auteur passe en revue les théories les plus connues sur la conscience et constate l'identité de la *conscience* et de la *sensation*. Toutes les perceptions du cerveau ne sont pas conscientes; les conscientes sont moins nombreuses que les perceptions inconscientes. On sait que les psychologues ne s'accordent pas sur ce sujet. Reingold nie l'existence des représentations

[1] Voprossy, 1898.

inconscientes. Helmholtz, Ribot, Wundt, Zollner les admettent. Le psychologue russe distingue les représentations conscientes des inconscientes. Toutes nos actions peuvent être conscientes ou inconscientes, cela dépend du degré de leur intensité. La conscience n'est pas un acte particulier de notre activité spirituelle, elle est la résultante de la faculté de nos autres actes psychologiques de devenir sensibles et partant conscients. Ainsi, toutes nos actions spirituelles peuvent être tantôt conscientes, tantôt inconscientes; nous les puisons toutes dans les impressions que nous percevons du monde extérieur, mais leur quantité n'est pas toujours proportionnelle : tandis que le domaine conscient ne contient que les impressions perceptibles consciemment et dont la force est tellement intense qu'elle les empêche de se transformer en inconscientes, le domaine inconscient contient toutes les connaissances et toutes les expériences que nous gagnons pendant toute la durée de notre vie. L'auteur fait ressortir le rôle important que joue l'*inconscient* dans nos actes et nos fonctions physiologiques et psychiques.

M. P. Sokolov a recueilli des observations relatives à l'*audition* et à l'*individuation colorées*[1]. Il s'agit des personnes traduisant en langue chromatique les indivi-

---

(1) *Fakty i théorii Tsvetnaho sloucha.* Voprossy, 1897. Communication faite au IV° Congrès de psychologie. Voir aussi la *Revue philosophique*, 1901, I.

dualités, les caractères, les facultés intellectuelles et morales. Pour les uns un homme d'esprit, un grand caractère s'exprime par la couleur bleu foncé, épaisse, bordé d'un rouge pourpré; une haute faculté morale, mais un caractère faible se manifeste par la couleur rouge foncé avec une tache bleue au milieu. Les autres se représentent non seulement les individualités, mais ils voient en couleur *les lois*, *la force*. Les nuances colorées changent suivant les dispositions morales et les actions agréables ou désagréables des individus. M. Sokolov attribue le rôle essentiel de ces phénomènes « aux associations émotionnelles »; il estime que les images chromatiques servent aux sujets comme moyen d'aperception symbolique. Ce sont des métaphores réalisées. La même explication pourrait s'étendre aux phénomènes d'*audition colorée* [1]. — A signaler encore des études de M. Bernstein : *Théories de perception*, et de M. Tokarsky : *La crainte de la mort*. La crainte de la mort sans l'idée de la mort est impossible. La crainte spécifique de la mort, comme sentiment indépendant, n'existe pas. — M. Zvérev s'occupe du *Libre arbitre*. Il estime que l'on a tort d'opposer la liberté de la volonté à la nécessité et à la causalité. La liberté et le déterminisme sont des conceptions distinctes, ils ne s'excluent pas, ils s'attirent plutôt; le libre arbitre,

[1] Voir la curieuse étude de Claparède sur *L'audition colorée*, Revue philosophique, 1900, V.

loin d'être la négation de la nécessité et de la causalité, les suppose, au contraire, sous la forme spécifique des motifs conscients qui nous poussent à agir dans un sens plutôt que dans un autre. Dans notre activité consciente, la liberté est la dominatrice de la raison. La raison et la volonté ne sont pas des forces psychiques indépendantes l'une de l'autre; elles nous paraissent telles à la suite de certaines opérations analytiques compliquées. Tous les éléments de la vie psychique sont toujours présents dans chaque phénomène mental, et ce qu'on nomme volonté, raison, sentiment, sont des faits complexes, composés de tous ces éléments, dans des proportions différentes. C'est la prédominance d'un de ces éléments qui constitue l'acte libre ou rationnel. — M. Astafiev, dans une étude sur *La volonté dans le savoir et dans la foi*, attribue une valeur inappréciable à la volition dans tous les actes psychiques.

L'esthétique et la linguistique ne sont presque pas représentées dans la psychologie russe contemporaine. Nous trouvons des *Observations et expériences relatives à l'esthétique des perceptions visuelles* faites par M. Baltalon[1]. C'est une faible contribution à la méthode de Fechner, « véritable fondateur de l'esthétique expérimentale ». — M. Gitetsky[2] étudie le *Rôle de Humboldt dans l'histoire de la linguistique*. — La question de l'origine et

(1) Voprossy, 1900.
(2) *Ibid.*

du développement du langage qui passionna les esprits au moyen âge n'est pas encore résolue à l'heure actuelle. La philosophie chrétienne disait : « La parole est d'origine divine. Jamais l'homme n'eût pu trouver le moyen d'exprimer ses désirs et ses idées. » La science a réduit au néant les illusions humaines sur les puissances divines, elle est encore loin de découvrir l'origine du langage. Linguistes et psychologues n'exposent que des hypothèses et s'abstiennent de toutes considérations définitives. Le langage, considéré au moyen âge comme don de Dieu, est devenu plus tard phénomène physiologique pour les uns, produit de la volonté pour les autres. Où est la vérité ? La parole est-elle issue des sons arrachés aux êtres vivants sous l'influence de leurs émotions ; est-elle l'acte de l'imitation des bruits de la nature, ou est-elle le produit de notre intelligence ? « Autant chercher les origines des rochers sauvages, » répond M. Moncalm[1]. M. Gitesky ne se pose d'ailleurs pas ces questions ; il cherche à déterminer le rôle de Humboldt 1769-1835) dans l'histoire de la linguistique, et il trouve que ce rôle est immense. Étant encore jeune (1797-1813), Humboldt écrivait à Schiller que la linguistique, et l'origine du langage le passionnaient et qu'il voudrait trouver le moyen d'unir les particularités de toutes les langues. Cette pensée l'absorba toute sa vie, elle est

---

(1) *L'origine de la pensée et de la parole.* Paris, F. Alcan.

l'idée maîtresse de toutes ses œuvres ; elle se manifeste surtout dans son livre *Ueber die Verschidenheit des menschliden Sprachbaues und ihren Einflus auf die geistige Entwickelung des Menschengeschlechts.* Humboldt trouve que la parole est un « don naturel » et que « la langue d'un peuple est la force dépendante de son esprit ». « L'homme, dit-il, est un animal chantant, avec la seule distinction qu'il unit les sons et la pensée. »

CHAPITRE II

LA PSYCHOLOGIE PHYSIOLOGIQUE

I

La psycho-physiologie est en Russie, comme ailleurs, la branche la plus riche et la plus féconde de la psychologie expérimentale. Parmi les physiologistes contemporains il faut nommer, en premier lieu, M. Setschénov.

1. M. Ivan Setschénov appliqua le premier, en Russie, les méthodes physiologiques à l'étude des questions de psychologie. Setschénov raisonne toujours en physiologiste, il ne reconnaît que la méthode expérimentale. Son ouvrage, *Études psychologiques*, eut un retentissement considérable en Russie, il demeure encore aujourd'hui un modèle du genre; il n'a rien perdu ni de son intérêt ni de sa valeur.

Setschénov a le premier constaté (1863) que le point de départ de l'étude psychologique doit être pris dans les manifestations psychiques des animaux et non dans celles de l'homme, les premières étant plus simples.

C'est encore lui qui a trouvé qu'il n'existe pas de limite nette entre les actes nerveux, notoirement corporels, et les phénomènes que tout le monde s'accorde à considérer comme psychiques. Pour prouver le point en question, il suffit de montrer la parenté des opérations nerveuses purement somatiques avec les formes inférieures des activités des organes supérieurs des sens, car depuis Locke ces dernières sont reconnues comme les principales sources, sinon les seules, du développement psychique. Sous le rapport de la physionomie extérieure et de la signification générale dans le corps, les activités inférieures des organes des sens peuvent être rapprochées des actions réflexes. L'action réflexe et le produit de l'activité des organes des sens sont égaux devant la volonté, et celle-ci peut être déterminée à agir par les sensations de l'ordre le plus humble, pourvu que l'excitation de l'appareil sensitif correspondant soit forte.

Setschénov voit intervenir dans les actes nerveux deux éléments psychiques : la sensation consciente et la volonté ; de plus, les actions réflexes et les formes inférieures de l'activité des organes des sens ne présentent à cet égard que des différences de degré. Il admet un troisième élément psychique des actes nerveux « connu sous le nom général d'attention », tout en reconnaissant que « cet agent est complexe, mal défini et souvent énigmatique ». Depuis, dans son ouvrage, *Maladies de l'attention*, Th. Ribot a magistralement analysé et défini cet « agent énigmatique ».

Setschénov a le premier prévu que la psychologie deviendrait une science positive et que cela serait l'œuvre de la physiologie, car elle seule possède le moyen d'analyser d'une façon vraiment scientifique les phénomènes psychiques.

Cette manière de voir, qui nous paraît très simple aujourd'hui, souleva toute une tempête contre l'auteur des *Études psychologiques*. Setschénov dut abandonner sa chaire de professeur : le gouvernement craignait que son matérialisme entraînât trop loin la jeunesse studieuse. Cela n'a certes pas empêché les théories de Setschénov de faire école.

II. Nous ne parlerons pas des physiologistes, comme Kojevnikov[1], Roth, W. Kovalevsky, Korsakov, Minor, Rossolimo, Kornilov dont les travaux sont trop connus. Tous ceux qui s'occupent des problèmes psycho-physiologiques connaissent, certes, les recherches de M. Bechterew relatives au cerveau et au système nerveux. M. Bechterew publie généralement les résultats de ses travaux dans le *Neurologisches Centralblatt*, les *Archiv für Anatomie und Physiologie*, et dans la revue

---

(1) Le plus récent travail de M. Kojevnikov est consacré à *L'influence des troubles psychiques sur la circulation du sang*. Par une série de démonstrations cliniques le professeur Kojevnikov arrive à démontrer l'influence du système nerveux et des troubles psychiques sur la circulation du sang.

russe *Vratsch*[1]. Après avoir travaillé dans le laboratoire de Fleching à Leipzig et dirigé le laboratoire de l'Université de Kazan, M. Bechterew est devenu l'un des maîtres les plus autorisés de l'Université de Saint-Pétersbourg. Ses vues sur beaucoup de questions psycho-physiologiques sont très personnelles. La liste de ses travaux est trop longue pour la donner ici. Son dernier ouvrage: *Les voies conductrices de la moelle et du cerveau*, date seulement de 1898[2]. L'auteur décrit avec une rare clarté la structure macroscopique et microscopique des différents centres nerveux dont il a toujours soin d'indiquer les divers rôles psycho-physiologiques[3].

III. Nous terminerons ce paragraphe par quelques mots sur l'étude du professeur Tschige : *La douleur*[4]. L'auteur croit que la douleur est engendrée par les excitations qui transforment un tissu vivant en tissu mort. L'intensité de la douleur dépend de la qualité du tissu vivant transformé en tissu mort. La douleur est une réaction universelle parce que les excitations qui la déterminent chez l'homme détruisent les tissus vivants dans tous les organismes. Les excitations qui ne

---

(1) M. Bechterew dirige, depuis 1896, la *Revue de psychiatrie, de neurologie et de psychologie expérimentale*. Saint-Pétersbourg.

(2) 2 vol., 390 et 385 p., Saint-Pétersbourg, 1896 et 1898.

(3) A signaler : *Expériences relatives aux effets de la résection du crâne; Expériences relatives au développement du crâne et aux circonvolutions du cerveau*, par le prof. Danilevsky (Charcow). — *Les modifications de la moelle épinière*, par Darkschevitch (Kazan).

(4) Voprossy, 1899.

détruisent pas les tissus vivants sont utiles à certains animaux et nuisibles à d'autres ; aussi produisent-elles des sensations agréables chez les premiers, des sensations désagréables chez les seconds. Les excitations qui, soit par leur intensité, soit par leur action chimique, sont désavantageuses à l'organisme et peuvent même entraîner la mort de l'individu qui y est soumis, mais n'amènent pas la destruction des tissus vivants, provoquent des sensations désagréables, et non pas la douleur ; à ce groupe appartiennent les sensations liées aux excitations sensorielles intensives et celles qui résultent d'une intoxication, telle que l'intoxication morphinique. M. Tschige croit réfuter les théories de M. Charles Richet[1] suivant lesquelles les excitations fortes, et en général tout état anormal, provoquent la douleur. La théorie de Richet, émise aussi par Wundt, a été déjà réfutée par Horvitez dans son livre : *Psychologiche Analysen*. Mais ni Horvitez ni les démonstrations de M. Tschige n'arrivent à démolir les théories de Richet. Ce dernier a formellement maintenu sa thèse au IVe congrès de psychologie[2], à savoir : la douleur est liée à toutes les excitations très fortes et nulle limite nette ne sépare les sensations douloureuses des sensations désagréables.

M. Tschige croit également que la douleur physique

(1) IIIe Congrès international de Psychologie, Munich.
(2) Paris, 1901.

ne peut pas faire naître la douleur morale. L'auteur trouve que Tolstoï n'est pas dans la vérité en présentant Ivan Ilitch[1] souffrant plus moralement que physiquement. « Charles Richet a raison d'affirmer que la douleur est toujours de longue durée, mais comment peut-il admettre que la mémoire conserve les sensations de la douleur ? » Le psychologue russe estime que la mémoire de la douleur est très faible. D'ailleurs, il constate que cette question est très peu approfondie. Est-ce parce qu'il faut être trop sagace pour remarquer ce qui nous entoure habituellement ?

A signaler une autre étude de M. Tschige : *Tourguenev comme psycho-pathologiste*. Le romancier qui présente les faits normaux de la vie humaine ne peut pas ignorer les phénomènes pathologiques qui jouent un si grand rôle dans notre existence. Le roman reflète les maladies sociales comme les maladies physiques ; le romancier est tantôt sociologue, tantôt psychologue, tantôt pathologiste. C'est surtout comme pathologiste que M. Tschige étudie Tourguenev ; il cherche, découvre et analyse chez les héros de ses romans les phénomènes pathologiques qui déterminent leurs actes.

II

M. Orchansky, professeur à l'Université de Charkov,

---

(1) *La mort d'Ivan Ilitch.*

est un physiologiste très distingué. Il explore depuis longtemps le domaine obscur des phénomènes nerveux et psychiques. On sait que l'étude de ces phénomènes, dans leur état normal ou morbide, se trouve en dépendance de diverses sciences dont chacune possède une méthode propre et cherche à résoudre des problèmes spéciaux. Cependant, malgré les cloisons qui divisent la physiologie du processus nerveux de la psycho-physiologie et ces deux sciences de la psycho-pathologie, on y trouve un lien intérieur qui fait ressortir leur unité. La tentative de rapprocher ces diverses branches, de les unir, pour ainsi dire, dans un seul nœud, est une tentative curieuse et qui mérite la plus grande attention. Elle vient justement d'être entreprise par M. Orchansky. Il n'a fait paraître que la première partie de son travail[1] dans laquelle l'auteur expose les phénomènes principaux de la morphologie et de la physiologie du système nerveux, et il arrive à établir une série de généralisations relatives au mécanisme des processus nerveux. Ce n'est point une monographie de la physiologie nerveuse, mais une synthèse des phénomènes établis où l'auteur sépare nettement les faits et les hypothèses.

Pour M. Orchansky, comme pour M. Setschénov, les

(1) *Mécanisme des phénomènes nerveux* (Mechanisme nervich protsessov). Saint-Pétersbourg, Académie des sciences, 565 p., 1898. Voir notre analyse détaillée de cet ouvrage : *Revue philosophique*, août 1899.

phénomènes psychiques existent sous deux formes : l'une, consciente, qui représente l'état actif; l'autre, inconsciente, qui représente l'énergie psychique « à l'état latent ». Pour que le passage de l'inconscient au conscient se produise, il faut qu'une résistance soit surmontée : cette résistance psychique correspond à la résistance nerveuse, et ce qui correspond au ton nerveux, c'est l'attention. Le principe du parallélisme entre l'action nerveuse et l'action psychologique conduit l'auteur à conclure que l'intensité des sensations est proportionnelle aux excitations dans la première phase de leur existence, qu'elle est égale au logarithme de l'excitation dans la première partie de la seconde phase (quand il s'agit des excitations faibles), et que dans la suite il n'existe plus de rapport uniforme entre l'excitation et la sensation. Dans ses *Considérations sur la loi psycho-physique de Weber-Fechner* [1], M. Orchansky prétend que la loi de Fechner ne réglerait le rapport de l'excitation avec la sensation que pour une partie très peu étendue de leur valeur.

Le même auteur a publié un important ouvrage sur l'*Hérédité* [2].

Le point de départ de la théorie de M. Orchansky est la définition de l'hérédité par Ribot : « L'hérédité

---

(1) Bulletin de l'Académie des sciences de Saint-Pétersbourg, 1897, 4.
(2) *Étude sur l'Hérédité*. 300 p. in-f., Saint Pétersbourg, 1894. (Mémoires de l'Académie des Sciences, t. XLII, n° 9.)

est la loi biologique en vertu de laquelle tous les êtres doués de vie tendent à se répéter dans leurs descendants; elle est pour l'espèce ce que l'identité personnelle est pour l'individu. »

Cette définition, suivant M. Orchansky, n'embrasse pas toute la somme des phénomènes qui entrent dans le cadre de l'hérédité. Le domaine de l'hérédité est plus vaste et dépasse les limites de l'assimilation des descendants aux parents.

La transmission des types des parents aux enfants n'est qu'une forme particulière de l'hérédité que l'on peut désigner comme forme générique ou individuelle. Les mêmes principes héréditaires se manifestent aussi dans toutes les cellules, dans tous les tissus et dans tous les organes, qui sont capables de conserver leurs types pendant toute la vie de l'individu, malgré les métamorphoses physiologiques.

Dans les organismes supérieurs, qui possèdent des organes sexuels spéciaux, ces deux formes de l'hérédité — la forme individuelle et la forme élémentaire — sont différentes. Tandis que les cellules embryologiques des organes sexuels ont pour fonction l'hérédité individuelle et générale, les autres cellules et tissus de l'organisme ne possèdent que l'hérédité spéciale, c'est-à-dire qu'ils ont la propriété de transmettre leur propre type. Dans les organismes inférieurs ces deux formes de l'hérédité sont inséparables parce que chaque cellule peut donner naissance soit à un organisme entier, soit à un organe quelconque. D'après cette modification de M. Orchansky, le domaine de l'hérédité prend une étendue beaucoup plus grande, les lois héréditaires peuvent se rattacher aux problèmes fondamentaux de la biologie.

L'objet général du travail de M. Orchansky est l'étude de la manifestation de l'hérédité chez l'homme dans l'origine des sexes, dans la constitution normale et dans les phénomènes pathologiques. L'auteur estime que la marche de l'hérédité peut être représentée par une courbe parallèle à celle de l'évolution générale de l'individu.

L'hérédité, étant une fonction de l'organisme des producteurs, correspond dans l'intensité de sa manifestation, à chaque moment donné, à l'énergie des autres fonctions des parents, c'est-à-dire à leur état général. M. Orchansky établit deux principes : 1° principe de la maturité individuelle : chacun des parents manifeste une tendance à transmettre son sexe à l'époque de sa maturité ; 2° principe d'interférence : les producteurs agissent en sens contraire sur le sexe de l'enfant, de là provient l'interférence ou la prévalue d'une influence sur l'autre.

Chacun des deux parents joue un rôle spécial dans l'hérédité : l'influence du père favorise la variabilité ou l'individualité, tandis que la mère tend à conserver le type moyen. On remarque déjà cet antagonisme dans l'origine du sexe où l'influence de la mère sous la forme de la périodicité tend à égaliser la distribution des sexes. Le maximum de production des garçons ou des filles est en dépendance du point culminant du développement physique du père ou de la mère.

L'hérédité morbide du père est progressive, celle de la mère régressive. L'hérédité morbide est plus intense chez les jeunes parents à l'époque de la maturité individuelle complète, elle est de nature organique chez le père et de caractère fonctionnel chez la mère.

En somme, la théorie de l'hérédité, suivant M. Orchansky, se réduit aux points suivants : 1° L'hérédité est une fonction directe des cellules sexuelles et en même temps une fonction indirecte de l'organisme entier ; la première forme est la base de la stabilité du type, la dernière explique l'individualité ou la variabilité. L'hérédité a un caractère évolutionniste et synthétique ; 2° le caractère de l'hérédité est différent pour les deux classes de cellules sexuelles, et correspond à la nature de leur constitution ; 3° les modifications provoquées dans un organe quelconque à l'état adulte et surtout les variations pathologiques occasionnelles ne peuvent pas être transmises aux descendants. Telles sont les hypothèses de M. Orchansky.

L'hérédité physiologique, la transmission des parents aux enfants, à travers un grand nombre de générations, de certains caractères physiques ou moraux, a été reconnue de tout temps; mais à mesure que les nouvelles méthodes d'investigation ont permis d'avancer dans l'étude des sciences biologiques, les théories se sont multipliées pour expliquer les phénomènes de l'hérédité dans leur ensemble. Dans l'état actuel de nos connaissances ces théories ne sont que des hypothèses livrées encore à la discussion.

III

On n'était pas encore arrivé jusqu'à présent à constater par voie expérimentale les transformations que produit l'alcool dans les états psychiques et affectifs. Cette lacune vient d'être comblée par M. Sikorsky, professeur à l'Université de Kiew[1]. La déformation qui se manifeste en premier lieu chez les alcooliques est l'exagération de la fonction du muscle frontal et l'affaiblissement de la partie supérieure du muscle articulaire des paupières. La seconde déformation est l'affaiblissement général de tous les muscles du visage. La marque la plus frappante de cette déformation est l'écarquillement des yeux; la paupière inférieure est modérément baissée et la paupière supérieure sensiblement relevée. La troisième marque physiologique de l'alcoolisme chronique est l'altération du pli naso-labial qui devient

(1) *L'état psychique des alcooliques. Fisionomika i psichitscheskoïé sostoianié piianits (Voprossi nervno psichitekoï meditsini)*, Kiew, 1890.

profond dans sa partie inférieure. On observe chez les alcooliques la perte partielle ou totale de la gaieté et une disposition au mécontentement et à la tristesse. Le fond du caractère de l'alcoolique est le mécontentement et la mauvaise humeur. En effet, la contraction du grand muscle maxillaire indique toujours la joie, tandis que la contraction du groupe de muscles qui forment le muscle carré de Henle est un signe de dépression, de larmes et de tristesse. Cette disposition est le résultat de douleurs névralgiques et d'autres sensations morbides inséparables d'une maladie chronique aussi grave que l'est l'alcoolisme, mais elle est due surtout à ce que les processus intellectuels sont devenues difficiles et lents. L'ivrogne a moins recours à la boisson par le désir de s'égayer que par le besoin de faire disparaître des sensations désagréables. Le plaisir que procure l'ivresse est plutôt de la gaieté que de la joie; ce plaisir se manifeste par des mouvements bruyants et non par des états calmes de bonheur, ses formes extérieures, impulsives et irrésistibles sont rarement accompagnées de satisfaction. Même la gaieté des alcooliques n'est pas un état d'âme stable, au contraire, elle se transforme très facilement en larmes pour faire place subitement à la colère. Les changements de mimique peuvent avoir encore d'autres causes, telles que des processus atrophiques dans le cerveau qui ont pour résultat l'affaiblissement de certains mouvements musculaires. Mais c'est un fait acquis que l'alcoolisme produit simultanément des altérations physiques et psychiques ; il affaiblit certains mouvements mimiques ainsi que les processus sensitifs et intellectuels dont ces mouvements sont la manifestation extérieure. Dans des cas de délire alcoolique avec hallucination on observe des altérations très sensibles dans l'association des idées. Plusieurs associations disparaissent totalement du mécanisme intellectuel, comme si l'activité de certains centres avait complètement cessé. Les alcooliques conservent la faculté de représentations et de réflexions visuelles ; ils sont absolument impropres à tous les travaux qui exigent de l'originalité d'associations, des conceptions nouvelles, des raisonnements, mais ils peuvent continuer l'effort habituel pour accomplir un travail familier. Il se manifeste chez les alcooliques une indifférence absolue pour les intérêts moraux supérieurs ; cette indifférence revêt la forme d'une anesthésie morale partielle. Souvent ils comprennent eux-mêmes ce qu'il y a d'anormal dans leur état, mais ils ne comprennent qu'avec la raison, sans ressentir la moindre réaction subjective. Comme les enfants, les alcooliques entrent subitement en colère et deviennent sans motif méchants, tendres, soupçonneux. Ces symptômes sont en rapport avec l'exagération de la contraction du muscle frontal. Ainsi on peut dire que lorsque ce muscle s'exerce au détriment des autres muscles du visage, il y a diminution de l'impressionnabilité intellectuelle et augmentation d'impressionnabilité émotionnelle. Les émotions des alcooliques naissent tout à fait isolées. Chez l'homme normal les émotions sont toujours complexes ; à côté du sentiment dominant qui s'est emparé de l'âme, on remarque toujours d'autres sentiments, parfois à un degré plus faible ; ainsi la crainte n'exclut pas l'espoir, la colère est accompagnée du sentiment de quelque appréhension pour ses suites. Au contraire, chez les alcooliques, les émotions naissent toujours isolées, même quand elles ne sont pas assez violentes pour supprimer les sentiments simultanés lorsque ces sentiments existent. On constate également chez eux le passage brusque d'une émotion à une autre, ce qui s'explique par le fait que les impulsions sont transmises par des voies anormales, car la conductibilité de ces voies est devenue défectueuse. Le sentiment de la honte et celui de la peur sont chez les alcooliques profondément altérés. Ceux qui ont observé les alcooliques savent qu'ils ne sont pas capables de ressentir la honte, ils ignorent les nuances de ce sentiment. L'importance de cette altération est évidente. Ce sentiment gouverne non seulement la vie sexuelle de l'homme, il est un des principes de la vie morale. On comprend donc combien l'état psychique des alcooliques est altéré. Le sentiment de la peur est également éteint chez l'alcoolique.

La paralysie des vaso-moteurs produite par l'alcool en est la cause. Au point de vue psychique ce sentiment se manifeste chez l'alcoolique sous forme de trouble, de mouvements inquiets.

La peur dans ses hautes manifestations se transforme en crainte du mal et en appréhension des suites du mal, on comprend donc l'importance de ce sentiment dans les questions de moralité et les suites funestes de son inversion chez les alcooliques. Les autres sentiments perdent aussi chez eux leur acuité et amènent une altération correspondante de la mimique. La joie perd son caractère de sérénité et prend la forme d'une insouciance enfantine. L'amour, l'affection deviennent des manifestations cyniques. L'honneur perd son caractère noble et prend celui de l'orgueil. L'affaiblissement de la volonté diminue chez les alcooliques la capacité au travail. La paresse et le renvoi du travail au lendemain est le signe typique de la fatigue psychique produite par l'alcool. Les suicides sont très fréquents parmi les alcooliques.

IV

Les partisans de la psychologie hypnologique, très nombreux jadis, deviennent de plus en plus rares en Russie. Parmi ces derniers se trouve M. Tokarsky dont nous avons déjà parlé dans ce chapitre. Ses expériences l'ont amené à constater que : 1° l'application de l'hypnotisme à la thérapeutique donne les meilleurs résultats dans le traitement des états d'excitation générale du système nerveux, quelle que soit la cause de cette excitation; 2° l'application de l'hypnotisme chez les personnes atteintes de maladies mentales n'a qu'une importance secondaire. Sans doute, on arrive à guérir par l'hypnotisme certaines maladies, telles que des impulsions et des obsessions morbides, mélancolies, manies de confusions mentales, mais il est impossible d'affirmer que par l'application de l'hypnotisme dans les maladies en question, on puisse toujours obtenir des résultats favorables. M. Tokarsky est surtout partisan de l'application de l'hypnotisme dans les excitations du système nerveux chez les neurasthéniques, dans les états affectifs, dans les cas d'irritabilité exagérée, etc.

Or, cette application est contestée par l'école de Nancy. M. Bernheim, fondateur de cette école, très appréciée en Russie, n'a nullement l'intention de nier la possibilité de faire réaliser un sommeil artificiel; mais ce qu'il veut affirmer, c'est que le sommeil lui-même n'est pas un état extraordinaire antiphysiologique, il cherche à démontrer que le sommeil suggéré ne doit pas être distingué des autres phénomènes suggérés, tels qu'un mouvement ou l'expression d'une émotion. Le sommeil provoqué n'est que l'idée du sommeil, plus ou moins fidèlement réalisée par le sujet, comme les mouvements ou les émotions suggérés sont la réalisation par le sujet des idées de mouvements ou d'émotions. Sommeil, mouvements, émotions, sont au même titre des faits de suggestion. L'école de Nancy, qui a des disciples en Russie, établit, en somme, une différence entre l'hypnotisme et la suggestion. *La suggestibilité, c'est-à-dire la propriété physiologique du cerveau humain qui consiste à accepter l'Idée et à la réaliser*, voilà la condition fondamentale de toute suggestion, aussi bien de la suggestion du sommeil que de celle des émotions, des mouvements, etc.

N'admettant pas le libre arbitre, considérant que « la responsabilité morale est le plus souvent impossible à apprécier [1] », l'école de Nancy trouve l'application de l'hypnotisme dangereuse.

Les spirites russes ont essayé, en vain, d'établir une confusion entre l'hypnotisme et le magnétisme animal. Mais M. le professeur Kojevnikov a maintes fois démontré à ses compatriotes que le merveilleux et le spiritisme sont dus uniquement au pouvoir de l'imagination.

(1) Bernheim, *Communication faite au XIIe Congrès international de médecine*, Moscou, 1897.

CHAPITRE III

L'ANTHROPOLOGIE ET LA PSYCHOLOGIE CRIMINELLE

I

Avant de passer à l'anthropologie et à la psychologie criminelle, nous devons consacrer quelques lignes au *Musée neurologique* de Moscou[1] qui est appelé à rendre de grands services aux psychologues. Il est avant tout destiné à fournir des matériaux à l'étude détaillée de la structure et des fonctions du système nerveux, celui de l'homme particulièrement, tant à l'état normal qu'à l'état pathologique. La section anthropologique du Musée est particulièrement riche.

On sait quel rôle capital l'anthropologie joue dans la psychologie. Elle permet au psychologue d'étendre ses recherches et d'étudier d'une manière approfondie le système nerveux humain, soit en comparant les cerveaux d'hommes ordinaires avec ceux d'hommes de talent ou de génie, soit en comparant les cerveaux des

[1] Ce Musée a été fondé en 1892. Ce sont les petites collections du professeur A. Kojevnikov — dont le musée porte le nom — qui lui ont servi de noyau. Le musée possède actuellement 1067 pièces, sans compter de nombreux dessins, photographies, etc.

différentes races ou les crânes d'hommes d'époques différentes. L'anthropologie présente encore toute une série de sections importantes au point de vue neurologique, l'anthropologie criminelle, par exemple. L'étude des relations entre la criminalité et l'organisation du criminel présente toujours un très grand intérêt, tant au point de vue pratique que scientifique; or, cette question ne peut être résolue que par l'étude précise du matériel anatomique fourni par les criminels mêmes. L'anthropologie comprend encore les déformations artificielles du crâne si intéressantes au point de vue de leur influence sur les fonctions psychiques, la morbidité du système nerveux, la dégénérescence, etc.

L'anthropologie et la criminalité ont toujours attiré l'attention des savants russes.

Le Dr N.-B. Guiltschenko a publié dernièrement un travail très documenté sur *Le poids du cerveau chez les différentes races de la Russie* [1]. L'auteur a examiné et pesé 760 cerveaux : 720 cerveaux d'hommes [2] et 40 cerveaux de femmes. Le poids moyen des 720 cerveaux masculins est de 1.376^{gr},57, celui des 40 cerveaux féminins est de 1.216^{gr},9.

Jusqu'à présent on considérait le poids moyen du cerveau russe [3] de 1.346 grammes (Blosfel, 1864) ou de

(1) *Ves golovnaho mozga*, etc., 122, in-fol., Moscou, 1899.
(2) Age : de 12 à 95 ans ; taille : de 1^m,170 à 1^m,865.
(3) Le poids moyen du cerveau chez les *Français* est suivant Parisot

1.375,5 (Bouchstab, 1884). De sorte que le poids moyen du cerveau russe dépasserait, suivant M. Guiltschenko, celui du cerveau des autres peuples.

La question du poids du cerveau est aussi compliquée que celle du type du crâne. Les anthropologistes admettent, généralement, que le type du crâne de la population actuelle de la Russie centrale diffère du type antique de l'époque des Kourganes. Le type prédominant des crânes de l'époque des Kourganes (ixe-xie siècles) était dolichocéphale, mais déjà dans les cimetières des xvi-xviie siècles on trouve 20-15 p. 100 de dolichocéphales et actuellement ils sont très rares. C'est pourquoi on a cru être en droit de conclure que l'ancien type des slaves de la Russie était dolichocéphale. Mais alors reste la question, à savoir : d'où provient le type brachycéphale, celui d'aujourd'hui?

Suivant Sergi les formes du crâne ne changent pas et ne se modifient point, elles persistent telles que nous les connaissons depuis les temps reculés. Il faut donc éliminer la théorie de la modification du type du crâne. Si l'on trouve dans la population de la Russie centrale des crânes de formes différentes de celles des crânes des

---

1.287 gr.; d'après Lelut = 1.320; Parchappe = 1.323; Sappey = 1.358 grammes.
Chez les *Allemands* : Bichoff = 1.362 gr. (Bavarois); Huschke = 1.358 (Saxons); Weichelbaum = 1.373 (Autrichiens);
Chez les *Anglais* : Clendinning = 1.333 grammes.
Chez les *Italiens* : Tenchini = 1.320 et Nicolucci = 1.372 grammes.

Kourganes, il reste à en rechercher la cause dans de nouveaux éléments ethniques qui y ont émigré.

II

Passant à la psychologie criminelle, nous pouvons constater que l'école de Lombroso, — pleine d'affirmations souvent non justifiées, — qui eut jadis en Russie beaucoup de disciples, passionnés, fanatiques, jurant aveuglément par la parole du maître, tend à y perdre de son influence, comme partout, d'ailleurs. Même M. Orchansky, l'un des disciples les plus convaincus de Lombroso, modifie, plus d'une fois, les théories de l'auteur de l'*Homme criminel*.

Dans tous les temps l'attention des philosophes et des législateurs a été attirée sur l'origine de la criminalité et sur les moyens de la combattre ; mais dans ces études la personnalité du criminel était toujours ignorée. La principale cause de cet oubli était un sentiment de haine instinctive pour le criminel, sentiment propre à l'homme inférieur. C'est au XIXe siècle qu'appartient le mérite d'avoir étudié pour la première fois l'individualité du criminel et d'avoir appelé sur lui l'attention publique. Les noms de Benedikt et de Lombroso sont attachés à ces études des criminels. D'après la théorie atavistique de Benedikt, il existe des individus, dont l'organisation cérébrale est inférieure au niveau moyen de la population saine et, comme elle, représente l'héritage, en droite ligne, du sauvage ou de l'homme primitif. M. Orchansky considère M. Lombroso comme le vrai créateur de l'école anthropologique. Le mérite de Lombroso consiste dans l'approfondissement de la question. La famille du criminel, son caractère, ses mœurs, ses croyances, sa morale, la forme de son crâne, sa table, sa sensibilité, tout intéresse Lombroso. Le psychologue italien ne prétend, cependant, pas donner une théorie définitive sur l'origine de l'homme criminel. Au contraire, plus M. Lombroso étudie l'homme criminel, plus il en modifie le type général. M. Lombroso reconnaît lui-même toutes les parties faibles de sa théorie : l'insuffisance des matériaux, l'absence de démonstration des idées fondamentales, etc., mais son grand mérite, c'est d'avoir donné une forte impulsion à toute la question de criminalité et des criminels. Les élèves et les adeptes de Lombroso sont nombreux, mais sa théorie a rencontré une forte opposition de la part des anthropologistes, avec M. Manouvrier en tête, et des juristes. En Russie les théories de Lombroso ont trouvé beaucoup de sympathie.

En effet, la vérification des théories de Lombroso sur les criminels russes présente un grand intérêt[1]. Les con-

---

(1) J. Orchansky. *Les criminels russes et la théorie de G. Lombroso*. Turin, Brocca frères, 1898.

ditions de la vie du peuple russe sont assez primitives, et c'est dans le peuple, en Russie, que la proportion des criminels est la plus grande.

Les observations que M. Orchansky a rassemblées sur ce sujet, sont très intéressantes. Les études sur le criminel russe sont entourées de grands obstacles et de grandes difficultés. Le nombre de détenus observés par M. Orchansky atteint, néanmoins, 3.000 ; le nombre de ceux dont il a mesuré les crânes atteint près de 200. La première constatation de M. Orchansky est très curieuse : la proportion des aliénés et des fous parmi les criminels russes n'est pas plus grande que pour le reste de la population. La grandeur et la forme du crâne chez les détenus observés par M. Orchansky sont les mêmes chez les grands criminels et assassins, chez les simples voleurs et chez les soldats condamnés pour indiscipline. La circonférence du crâne chez le criminel russe oscille entre 50 et 55 centimètres, comme chez les non-criminels. Il y a surtout parmi les premiers des crânes de 52 centimètres. La physionomie des criminels russes ne présente rien de typique, rien de caractéristique, tandis que parmi les autres criminels européens les signes extérieurs de dégénérescence s'observent souvent. D'après M. Lombroso[1], cela s'explique par le fait que la population mongolique et tartare de la Russie n'est pas assez déve-

(1) *Archivio di Psychiatria, scienze Penalied Antropologia criminale*, vol. XIX, fasc. I-II.

loppée. Rien d'anormal, non plus, au point de vue du développement physique. Au contraire, M. Orchansky fut frappé de l'aspect florissant des criminels russes, parmi lesquels toujours et partout se rencontraient des figures douces. Certes, parmi les criminels russes se rencontrent des aliénés, si magistralement peints par Dostoyewsky dans ses *Souvenirs de la Maison des Morts ;* mais M. Orchansky trouve que les maisons de santé et les prisons russes ne contiennent que la plus petite partie des aliénés et que la grande masse de ces invalides d'esprit vit en liberté. Quant aux *conditions sociales de la criminalité*, M. Orchansky constate que les foyers principaux de la criminalité russe coïncident avec la formation de communes populaires et la fermentation de l'esprit des masses. Un autre trait national, c'est le vagabondage. Les vagabonds russes présentent presque une classe organisée ayant ses traditions, une constitution et des mœurs spéciales. Au point de vue de l'*association*, on observe chez les criminels russes la tendance à se réunir en bande pour accomplir leurs crimes. L'ivrognerie joue un très grand rôle dans la criminalité russe. L'un des faits caractéristiques de la vie populaire russe, c'est l'adultère avec les belles-filles, qui est souvent l'origine des parricides.

La psychologie de la criminalité n'est pas encore approfondie en Russie. M. Drill, criminaliste très connu, signale l'irréflexion, l'absence de motifs sérieux et la spontanéité de plusieurs grands crimes. Presque toujours les assassins russes n'ont dans leur passé aucune tache morale. D'une humeur tranquille, les criminels russes éprouvent une sorte de bien-être dans les prisons. A côté des visages sombres des criminels, fils du Caucase, qui souffrent de nostalgie et sont dans un état morbide d'oppression morale, le criminel russe badine et chante dans la prison comme s'il était en liberté. Il n'existe pas de classe de criminels en Russie ; il y a un groupe d'hommes qui sont peu appropriés à la vie à cause de leur faiblesse morale et qui sont prédisposés un peu plus que les autres à toutes sortes de décadences morales et même au crime. On juge, cependant, en Russie, annuellement, 80.000 causes dites criminelles[1]. La volonté consciente est le couronnement du développement de l'individualité ; ce développement ne commence qu'à se former dans la masse populaire russe. Nous estimons avec M. Orchansky qu'il ne faut pas incriminer l'esprit malfaisant des criminels dans la quantité énorme de crimes qui sont commis par le peuple russe. M. Orchansky envisage le crime comme une maladie sociale et le criminel comme sa victime, il ne base donc pas, comme Lombroso et Ferri, la pénalité uniquement sur le prin-

[1] D'après les dernières statistiques des cinquante-deux gouvernements, la criminalité reste stationnaire en Russie. Il y a un léger accroissement du taux des crimes contre les personnes. Les crimes contre la propriété tendent plutôt à diminuer, mais ils varient proportionnellement au prix du seigle.

cipe de la prédestination anthropologique du criminel et sur la sélection artificielle de la société.

Sans doute, la psychologie criminelle comporte encore des confusions déplorables, il en résulte un chaos d'idées où risquent de se perdre les fondements les plus essentiels de la justice humaine. Mais on peut parfaitement affirmer que les criminalistes russes ne considèrent pas le crime comme un phénomène aussi naturel que la maladie et la mort.

Pour M. Tagantsev, le crime est indépendant de l'état mental du criminel et de son milieu. Tojnitsky considère le crime comme un fait social, un symptôme pathologique de la société. M. Essipov[1] cherche à reconcilier ces deux doctrines, anthropologique et sociologique. Il voit dans le crime la manifestation extérieure de l'état psychique du criminel, mais il ne le sépare pas de la société, du milieu. Pour M. Tarnovsky[2], M. Drill[3], le crime est un fruit amer du mal social contre lequel il faut lutter. Presque tous considèrent le criminel comme une victime. Ce ne sont pas les mauvaises gens qui créent le crime, mais ce sont les mauvaises conditions sociales qui transforment les plus faibles et les plus ignorants en criminels. La psychologie russe recom-

(1) *Le crime et les criminels*, Saint-Pétersbourg, 1898.
(2) *La criminalité et la vie sociale en Russie*, Rivista italiana di sociologia, An. II, fase II.
(3) *Types psychologiques dans leurs rapports avec la criminalité* (Psichitscheskié typy), Moscou, 1890.

nande l'*hygiène sociale*. Pour lutter avec succès contre le crime, il faut changer les conditions qui le font naître. Pour extirper le grand mal de la criminalité, il faut élever le niveau moral, matériel et psychique des masses.

CHAPITRE IV

LA PSYCHOLOGIE DU PEUPLE RUSSE

De nos jours la psychologie des peuples devient un sujet fréquent d'investigation. L'anthropologie a mis en lumière une série de faits fort instructifs, relatifs à la persistance avec laquelle les propriétés physiques d'une race se conservent durant une longue série de siècles passant de génération en génération. La même persistance marque aussi les qualités morales d'un peuple. Les traits du caractère national, ses qualités, ses défauts se transmettent à la suite des générations. A travers des milliers d'années, nous retrouvons dans une race les mêmes particularités du caractère national.

M. Sikorsky vient de tenter un essai sur la *Psychologie des slaves*[1]. L'auteur constate qu'il n'y a rien de changé dans le caractère du peuple russe et d'autres

---

(1) *Tscherty iz psychologuii slaviane*, Kiew, 1895.
M. Sikorsky dirige depuis 1896 une importante *Revue de neurologie et de psychologie médicale*. Il élargit sensiblement le domaine de ces trois branches de la science médicale : neurologie, psychologie, psychiatrie, en introduisant dans sa publication l'anthropologie, la psychologie sociale, l'esthétique expérimentale, la psychologie psychique, etc.

tribus de la race slave, depuis des milliers d'années, ses traits fondamentaux persistent toujours : mêmes vertus familiales, même amour de la paix, même hospitalité, même goût du travail, même idéalisme, même indécision de caractère. La nature de la plaine européenne contraignit ses habitants de bonne heure à s'enfoncer en eux-mêmes et à chercher des impressions fortifiantes dans l'esprit humain. Les Slaves en général et les Russes en particulier se distinguent par une tendance à l'analyse intérieure, surtout à l'analyse morale. Le côté matériel de la vie intéresse peu le Russe ; il se passe du confort indispensable à l'Anglais, de l'extrême élégance dont s'entoure le Français, il se contente de simplicité et préfère à tout une âme chaleureuse et un cœur ouvert. Les écrivains, les artistes russes mettent l'analyse psychologique au premier plan, la description de la nature extérieure au second.

Sans doute, on peut dire, avec M. Sikorsky, que « le souci et le développement de la vie intérieure, opposés au souci et au goût de la réalité matérielle » sont les traits distinctifs du génie de la race slave. Mais aussi ne devons-nous pas y voir la cause de cette nonchalance, de cette paresse physique qui caractérisent le peuple russe et sont si bien dépeintes par Gontscharov dans son *Oblomov?*

M. Sikorsky voit dans le petit nombre de suicides en Russie « une évidence absolue » que l'instinct de conservation est plus développé chez la race slave que chez d'autres peuples. Oui, la jeunesse du peuple russe explique ce phénomène : le peuple russe est jeune, ses sources biologiques de vie sont plus fortes, moins entamées que chez les vieilles races du globe. Mais nous devons aussi voir dans le petit nombre de suicides en Russie une preuve non moins évidente de l'infériorité de son développement intellectuel. Plus l'individu ou le peuple est développé intellectuellement, plus il est porté vers le suicide. Nous ne devons pas considérer toujours le suicide comme un phénomène pathologique, il y a des suicides conscients, et il faut posséder un fort développement intellectuel pour renoncer *volontairement* et *consciemment* à la vie. Le suicide témoigne souvent d'une intelligence supérieure.

Quant à « l'endurance morale particulière » du peuple russe, nous estimons qu'elle provient uniquement de l'absence de vie active. Le peuple russe n'a pas encore vécu. Il est plus facile d'être moral à celui qui ne vit pas, au sens social du mot, qui traîne une vie incolore, soumise, une vie d'esclave, qu'à celui qui vit à pleins poumons. Dès que le peuple russe, toujours dans le sens social, se met à *vivre*, son « endurance morale » devient d'une faiblesse vraiment extrême. Nous en avons vu une preuve « évidente » dans la dernière guerre de Chine où les atrocités commises par l'armée russe témoignent plutôt d'une absence de toute morale que d'une « endurance morale particulière ». Certes, l'*armée* n'est pas la *nation*, en Russie moins qu'ailleurs, mais si une nation laisse commettre des atrocités et des crimes sans protester, si une nation demeure *volontairement* sous le joug d'un petit groupe d'individus, cela témoigne plutôt de sa nonchalance, de sa passivité et non pas de son « endurance morale particulière ». Le régime social de la Russie est là pour prouver ce fait psychologique. Au point de vue individuel, nous admettons cette « endurance morale » dont parle M. Sikorsky ; au point de vue collectif, — non.

Les traits les plus typiques du Russe sont : tristesse, patience. Le peuple russe est enclin à la mélancolie ; la sensibilité et la tristesse sont des traits caractéristiques du peuple Russe. Ce n'est pas de la tristesse affective, pathologique qui mène au désespoir, au suicide, c'est de la tristesse résignée qui mène à l'inaction ; quant à la patience du Russe, elle détruit chez lui toute volonté et le mène à l'esclavage.

M. Sikorsky, comme la plupart des anthropologistes et des psychologues, se prononce généralement d'après un nombre d'observations assez restreint. Ainsi, dans la question si délicate du rôle de la nationalité et de la race dans l'étiologie des psychoses [1], M. Sikorsky

---

(1) Communication faite (en collaboration avec le Dr Maximov) au XIIe Congrès international de Médecine à Moscou. Travaux du Congrès, T. II, p. 671, Moscou, 1900.

ne craint pas d'affirmer que « si, d'après la méthode *usitée* en anthropologie, nous prenons 100 comme le plus petit chiffre, nous trouverons que les Russes (orthodoxes) et les Polonais offrent le plus petit nombre de malades et que le plus grand nombre se trouve parmi les Juifs ». Et cette conclusion n'a pas d'autre base scientifique que l'étude de la « composition ethnographique de l'armée de l'arrondissement de Kiew et les comptes rendus de la section psychiatrique de l'hôpital militaire de la même ville ». On vante l'éloquence des chiffres : la vérité est qu'on leur fait dire tout ce que l'on veut.

Pour revenir à la psychologie du peuple russe, nous estimons que cette psychologie est impossible à l'heure actuelle : le caractère du peuple russe n'est pas encore formé. Nous admettons, avec l'honorable savant russe, que les tendances de ce caractère sont sympathiques, mais elles ne présentent encore rien d'uni, de définitif. On ne peut juger un peuple que par l'examen successif des individus qui le composent ; il ne s'agit pas d'éléments isolés, c'est la composition même qu'il faut saisir. Pour étudier la psychologie d'un peuple, il faut également suivre un ordre méthodique de faits de la vie sociale. Or, cela est totalement impossible en Russie : le régime social s'y oppose [1].

(1) A signaler une étude de M. V. O. Kloutschevsky : *L'influence occidentale dans la Russie au XVIII° siècle, étude historique et psy-*

*
* *

On peut adresser à la psychologie russe les mêmes reproches que l'on fait généralement à sa sœur aînée de l'Occident : elle se borne encore aux détails, elle ne saisit pas le général ; elle n'explique rien, elle ignore les nuances, elle dissèque sans analyser. Les physiologistes *ne veulent pas* être psychologues, les psychologues ignorent souvent la physiologie. Pour les premiers la psychologie est encore la science des rêveurs ; les seconds considèrent la physiologie comme appartenant exclusivement au domaine de la médecine. La variété immense et la prodigieuse diversité des faits, qui deviennent parfois inquiétantes et qui forment le domaine illimité de la psychologie, exigent de riches aptitudes de la part du psychologue, elles demandent des facultés capables d'embrasser *le tout* des phéno-

chologique. C'est du XVIe siècle que date le contact de la Russie avec l'Europe occidentale, mais les résultats de cette influence sur le peuple russe ne pourraient pas encore être déterminés. La Russie du XVIe siècle avait déjà sa propre culture. Elle n'offrait pas une grande importance pour l'histoire générale de l'humanité, mais elle n'était pas totalement dépourvue d'intérêt historique. Cette culture était basée non seulement sur les instincts anthropologiques, mais aussi sur des idées politiques et sociales, qui formaient déjà une certaine psychologie populaire. Le degré de cette culture n'est pas encore complètement établi, ce qui rend difficile de déterminer l'influence de l'Occident sur la Russie. Aussi M. Kloutschevsky se borne, pour le moment, à nous présenter l'opposition de l'Église russe à la culture occidentale et, partant, l'histoire de la formation des sectes religieuses « protestaires », connues en Russie sous le nom de *Raskolniky*.

mènes. Enregistrer un fait est plus facile que l'interpréter. Enregistrer passivement, selon la méthode scientifique, les impressions matérielles, les sensations brutes n'exige pas les capacités indispensables pour tirer des conclusions, des *lois* de cet enregistrement. Il ne suffit pas d'emmagasiner un nombre illimité de faits, de sensations à l'état brut, il faut que ces faits soient soumis à une élaboration intellectuelle. Or, les Wundt, les Ribot, les Bain sont rares. L'école expérimentale a fait surgir, dans tous les pays, un nombre infini de « disciples », de « continuateurs » qui constituent un véritable danger pour la science psychologique. La psychologie devient un chaos monstrueux. On transforme les laboratoires en des musées où l'on trouve un désordre catalogué. On ne présente plus la psychologie que dans un entourage spécial: appareils, chiffres statistiques, tables, cartogrammes, images, photographies. On fait tant de démonstrations anthropologiques, biologiques, ethnologiques, psychiques, sociologiques, que le *fait* lui-même que toutes ces démonstrations accompagnent devient isolé, perdu. On dévoile tant de choses soi-disant profondes, scientifiques et surtout *imposantes* que l'on ne discute plus le *fait* même : on l'adopte comme une *loi*.

La vérité n'a pas besoin de démonstrations compliquées et subtiles, si jamais personne la découvre, elle se présentera toute simple et virginale.

Il est bien à craindre que l'immense fécondité de la psychologie d'aujourd'hui ne soit pas réelle ; on jette des faits sans les creuser, souvent sans base solide, sans lien commun et on en tire des *lois*. C'est dangereux.

Des études médicales approfondies sont nécessaires au psychologue. Malheureusement une grande partie de ceux qui fréquentent les laboratoires de psychologie, souvent même ceux qui les dirigent, sont dépourvus de toute préparation médicale, dans tous les pays. Ils ignorent non seulement la pathologie de l'organisme vivant, mais sa physiologie.

Si les vocations de psychologues étaient l'objet d'un examen approfondi, une élite serait constituée. Un psychologue qui a donné sa vie à la science parce qu'il en a reconnu la grandeur doit s'interdire tout fanatisme, toute ignorance et s'élever jusqu'à la *conscience scientifique*.

TROISIÈME PARTIE

SOCIOLOGUES ET SOCIOLOGIE

CHAPITRE PREMIER

LA SOCIOLOGIE EN RUSSIE. — KARÉIEV

Le progrès d'une science se reconnaît à ce signe que les questions dont elle traite ne restent pas stationnaires. Depuis la mort d'Auguste Comte (1857) les questions que la sociologie met à l'ordre du jour, évoluent avec une rapidité considérable. Le progrès de la science sociologique est évident. On crée dans les Universités des chaires de sociologie, on fonde des sociétés d'études sociologiques, la sociologie commence à exercer une influence sur la jurisprudence, sur l'économie politique. Cette science, née d'hier, prend déjà conscience de ses erreurs, elle se débarrasse peu à peu des méditations métaphysiques, propres à toute science nouvelle, elle a déjà sa méthode, fondée sur l'étude des faits sociaux. À la mort de Comte, considéré comme fondateur de la sociologie contemporaine, la bibliothèque sociologique ne comprenait que le « Cours de philosophie positive », le « Système de politique positive ou traité de sociologie », le « Système de logique » de Stuart Mill et le « Social statics » de Spencer. Or, M. Karéiev dans son livre « Introduction à l'étude de la sociologie[1] » nous donne une liste bibliographique de 880 titres de livres, brochures, articles, etc., traitant de la sociologie. Parmi ces 880 travaux il y en a 260 en langue russe! On ne croirait pas que les études de sociologie soient répandues en Russie. M. Durkheim prétend que « la Russie n'est encore européenne que géographiquement[2] ». Sans doute, les vrais sociologues russes, comme Herzen, Bakounine, Kropotkine, Lavrov et tous ceux qui ont en matière sociologique des idées larges et bien personnelles, sont obligés de s'expatrier, car les lois russes leur interdisent d'enseigner, d'écrire et de faire valoir leurs théories. Excepté M. Tschouprov, professeur à l'Université de Moscou, esprit très cultivé et qui ne s'occupe de sociologie qu'au point de vue historique, il n'y a presque pas en Russie de sociologues russes proprement dits. Est-ce à dire que la sociologie n'existe pas en Russie ? Non. Mais il faut la chercher chez les publicistes, chez les romanciers, surtout chez les critiques. Goltsen, Michaïlovsky,

[1] N. Karéiev, *Vvedenié v izoutschenié sociologuii*, 1 vol. in-8°, XVI-418, Saint-Pétersbourg, 1897.
[2] Durkheim, *Le Suicide*. (Paris, F. Alcan.)

Obolensky, Slonimsky, Schelgounov sont avant tout publicistes : ce sont aussi des sociologues. Tchernyschevsky est romancier, mais son roman célèbre qui a procuré à son auteur les douceurs de la Sibérie, — *Que faire?* — est plein d'idées d'ordre sociologique. Les principaux critiques littéraires russes, Bielinsky, Dobroloubov, Pissarev sont quelque chose de plus que de simples esthéticiens, ce sont des penseurs, des sociologues. Ce sont eux qui ont introduit en Russie le socialisme, non pas dans des études spéciales sur le socialisme, mais dans celles sur la littérature, l'art, la philosophie, etc. On trouve des théories sociologiques dans les œuvres satiriques de Krylov, de Griboïedov, de Gogol, d'Ostrovsky et de beaucoup d'autres. Aucun phénomène de quelque importance de la vie sociale n'échappe à la plume puissante de Saltykov, considéré comme un écrivain satirique, mais qui est avant tout penseur et sociologue. Il ne faut pas oublier que le contrôle du gouvernement pèse encore sur les lettres et sur les sciences russes. L'impression des livres rencontre des difficultés insurmontables. C'est autour de quelques revues mensuelles littéraires, soumises aussi à la censure, bien entendu, que se groupent les écrivains, les philosophes, les sociologues, enfin tous ceux qui croient pouvoir faire valoir *leurs idées*. C'est là que l'on cherche la vérité qui en russe se confond avec la notion de la justice dans le mot *pravda*. Car, en Russie, on cherche toujours une base morale à la philosophie politique et sociale. Tout ce qui concerne le rôle de l'individu dans l'histoire, le libre arbitre, la responsabilité des criminels, questions politiques, économiques, sociales, etc. — tout se confond avec les questions morales. Un programme politique, une théorie sociale ne suffisent pas : il faut trouver dans ce programme, dans cette théorie une place pour tout — pour la liberté de l'individu, pour les sentiments, pour la conscience; ce programme doit comprendre comment la personnalité se relie à la société, à l'univers entier. Ce sont, en somme, ces questions qui composent ce qu'on désigne en Russie sous le nom de questions sociales.

La civilisation russe compte à peine deux cents ans d'existence, elle prit naissance sous l'action de l'Europe, elle fut longtemps et reste encore imitative. Les idées européennes se frayent un passage en Russie avec une vigueur extrême : toutes les théories y ont leurs représentants. Ainsi, on peut y rencontrer des anglomanes partisans de la constitution aristocratico-libérale de l'Angleterre et des terroristes — le terrain en Russie n'est pas favorable au développement de ces derniers, et ce n'est pas dans le caractère russe. Et puis, le gouvernement veille toujours. Non seulement certains écrivains russes, mais plusieurs écrivains étrangers sont bannis des bibliothèques. En 1884 on a défendu la lecture de 125 livres, Louis Blanc, Proudhon, Lassalle, Marx,

Reclus et beaucoup d'autres. En 1890 on en a fait autant. Les universités russes ne sont pas, non plus, des institutions mûries dans l'indépendance et poursuivant uniquement le développement de la science. Ce sont des écoles du gouvernement où l'on donne un enseignement conforme aux besoins de l'État.

On voit comment peut se développer dans de telles conditions une science comme la sociologie !

Ainsi dans le livre de M. Karéiev que nous venons de citer nous ne devons chercher ni l'histoire de la sociologie russe, — elle est impossible à l'heure actuelle — ni des idées originales sur la sociologie en général. Le but de l'auteur est plus modeste : il offre à ceux qui s'intéressent aux études sociologiques un manuel de sociologie et des aperçus critiques sur diverses théories et problèmes sociologiques. A ce point de vue le but de M. Karéiev est parfaitement atteint. L'auteur des « Questions fondamentales de la philosophie de l'histoire, » des « Études du matérialisme économique » et de beaucoup d'autres ouvrages nous donne successivement dans son nouveau livre des études approfondies sur les théories sociologiques d'Auguste Comte, de Spencer, de Fouillée, de Tarde, de Wundt, etc., sur les principes du darwinisme dans la sociologie, il nous montre le rôle de la psychologie dans la sociologie et le rôle de celle-ci dans la psychologie collective, il nous parle de l'influence de la sociologie sur d'autres sciences sociales, il consacre un chapitre à l'objectivisme et au subjectivisme dans la sociologie, un autre chapitre à la méthodologie dans la science sociologique, M. Karéiev constate — d'après les théories de Kidd — l'antagonisme entre l'individu et la société, il pose la question de la liberté individuelle au point de vue psycho-sociologique, l'auteur arrive aux problèmes sociologiques du progrès, il jette un regard sur l'histoire de l'idée du progrès, il étudie l'idée du progrès chez Comte et aboutit, enfin, à l'état actuel de la sociologie.

M. Karéiev, ex-professeur à l'Université de Saint-Pétersbourg, est, comme dans ses précédents ouvrages, très documenté et toujours impartial.

(1) *Problèmes de philosophie de l'histoire; La philosophie de l'histoire sociale du temps présent ; Idées sur les fondements de l'éthique;* etc.

CHAPITRE II

LAVROV

I

Pierre Lavrov[1] peut être considéré comme l'un des sociologues russes les plus personnels et les plus originaux. Chez Lavrov, comme chez Proudhon, chez Karl Marx, le penseur, le philosophe l'emporte de beaucoup sur l'homme d'action. C'est un spéculatif qui prêche l'action.

Il groupe ses conceptions sous le nom général d'anthropologisme. Il croit qu'il faut renoncer définitivement à chercher la substance des choses et prendre son parti du fait de la relativité de nos connaissances. Le travail de la pensée philosophique doit consister à réunir, à unifier, à systématiser nos idées, sans prétendre conquérir la vérité absolue. Lavrov cherche surtout à concilier le déterminisme avec l'idée de la haute importance de l'individu. « L'homme, dit-il, est libre. Il se peut que

---

[1] Né le 14 juin 1823, mort le 6 février 1900. Principaux ouvrages : *L'histoire de la pensée humaine; Lettres historiques; Philosophie de Hegel;* etc.

ce soit là une illusion, mais cette illusion est indispensable. » Elle est nécessaire à la solidarité des individus : chacun doit être l'avocat de tous.

La liberté individuelle doit être la base de la vraie civilisation. Lavrov considère la civilisation actuelle comme le résultat complexe d'une foule de causes physiques, psychologiques, morales et surtout sociales, celles-ci ne sont que la synthèse de tous les autres éléments.

Il divise d'abord les faits sociaux en trois groupes : ceux qui se rattachent à l'évolution scientifique, ceux qui appartiennent à l'évolution morale, enfin les faits qui cherchent à réunir les produits des deux évolutions précédentes en une synthèse supérieure : religion, système philosophique, etc.

Plus tard Lavrov donna un nouveau classement aux faits sociaux; il les divisa en deux catégories : faits qui, dans la triple évolution scientifique, éthique et philosophique, sont en *croissance* perpétuelle et faits de « survivance », qui, dans l'ordre des idées, institutions, sentiments, mœurs, croyances, sont en voie de *décomposition*. Lorsque l'équilibre entre la *croissance* et la *survivance* est rompu, lorsque « le passé empiète sur l'avenir », il paraît un nouveau phénomène : maladie sociale. Le but de la sociologie, cette mécanique du monde social, est de déterminer, d'établir cet équilibre.

Il y a dans toute société deux classes ou deux

couches distinctes : le groupe participant à la base historique qui tend d'une façon consciente à transformer le *statu quo* ; et la foule qui mène une existence purement individuelle et égoïste. L'évolution sociale ne peut avoir lieu qu'au sein des groupes participant à la vie historique et possédant une minorité « pensante » qui exerce son influence sur les éléments inertes et inconscients du corps social.

Pour Lavrov, les deux termes *évolution* et *progrès* ne sont pas synonymes, ils sont souvent distincts, opposés l'un à l'autre. Le fanatisme peut déterminer des grands mouvements sans avancer le « progrès ».

Il y a dans l'Univers trois sortes de *mouvements* : dans le monde inorganique le mouvement est une simple répétition de phénomènes ; dans le monde organique, il devient *développement*, enfin, arrivé à un certain degré de l'évolution biologique, il devient *conscience*[1].

L'évolution historique subit trois étapes : dogmatique, sceptique et critique ou scientifique. La première aboutit aux créations esthétiques, religieuses et métaphysiques, la seconde est un mode de penser transitoire entre le dogmatisme primitif et la critique scientifique.

L'histoire a pour objet le dynamisme social, qui diffère des autres processus d'évolution par ce trait, qui

(1) Il y a là une affinité avec la thèse de Tarde émise dans son ouvrage *Les lois de l'imitation* (Paris, F. Alcan).

lui est propre, d'être un développement conscient.

Les idées de Lavrov sur le *progrès* et l'*histoire* sont très originales.

II

Les sages des temps anciens démontrent que l'unique salut de la société consiste à sauvegarder la saine tradition de l'antique coutume ; mais leurs descendants ont reconnu dans cette défense de la coutume le mal social par excellence, et ont découvert que le vrai processus normal de l'histoire consiste dans la transformation de l'organisation sociale, sous l'action des besoins raisonnables de l'homme qui vont s'élargissant. La forte organisation interne de nationalités antagonistes fut l'idéal du monde antique, et pour cet idéal périrent, eux et les leurs, les représentants les plus éminents de cet âge de l'humanité ; mais des siècles passèrent, et au sein même de ces nationalités naquit et grandit la conviction que cet idéal des nationalités fermées est le principe le plus funeste au progrès de l'humanité, et que tout au contraire, la solidarité économique, politique, intellectuelle et morale d'une humanité en développement continu est l'unique but possible du progrès.

Puis, durant une longue suite de siècles, les croyances religieuses furent pour les meilleurs esprits le fondement même de la vie sociale. Vint ensuite l'époque de la *civilisation laïque* où l'élément religieux fut éliminé autant que possible de tous les domaines de la pensée et de la vie, où il fut reconnu que l'unique vérité, l'unique morale, conciliable avec la dignité humaine, est celle fondée sur la critique logique, sur la conviction rationnelle de l'homme.

Plus tard apparaissent les principes économiques qui semblent aujourd'hui confus et insuffisants quand ils ne résolvent pas la question de la répartition rationnelle des biens d'une nation, quand, avec le développement de la richesse, grandit aussi la plaie du prolétariat lequel dégénère ou se révolte. Après la science expérimentale qui, au cours des siècles passés, se tenait dans l'isolement et qui donna aux hommes le résultat de ses conquêtes sur le monde inorganique, apparaît enfin la science de la société, la *science sociale*. Les exigences de la science sociale sont plus grandes que celles de toute autre science, elle demande à son adepte non seulement l'effort nécessaire pour la comprendre, mais l'effort vigoureux nécessaire pour donner satisfaction absolue à sa maxime : « Il ne suffit pas de me comprendre, *il faut m'incarner dans la vie !* Il faut que tu fasses passer mes exigences dans la *réalité sociale* ou, sinon, — c'est que tu ne m'auras pas comprise ! »

Si l'histoire de l'élaboration graduelle de l'idée de progrès et de la lutte active pour le progrès n'est autre chose que l'histoire des erreurs humaines et des échecs sanglants, il importe d'autant plus de travailler à prévenir et à éviter dans l'avenir ces erreurs et ces échecs. S'il est démontré que les buts proposés par nos pères à la vie sociale et au développement collectif sont apparus insuffisants à leurs fils, le devoir n'en est que plus impérieux, pour la génération actuelle, de ne pas se reposer sur les formules établies, de proposer à l'existence sociale des tâches plus hautes que celles qui lui ont été transmises.

Nous aussi, nous nous tromperons peut-être dans notre interprétation du progrès, cela est infiniment probable; mais nous ferons tous nos efforts pour réduire nos erreurs au minimum par une étude attentive des erreurs de nos devanciers. Nous aussi, nous subirons des défaites; cela est fort possible; mais, même en ce cas, nous nous efforcerons de faire tout ce qui dépend de nous en vue de vaincre, ou, si nous sommes vaincus, nous *tâcherons* au moins de montrer à nos descendants les conditions d'une victoire possible. L'essentiel, c'est d'agir, d'avancer, de progresser.

L'essentiel est de se rappeler que le problème du progrès a nécessairement un double aspect : théorique et pratique; qu'il est impossible de lutter pour le progrès sans avoir tâché de comprendre de la façon la plus claire en quoi consiste le problème, et qu'il est également impossible de le comprendre si l'on ne consent à prendre part à la lutte avec toutes les forces que l'on possède en *soi-même* et par *tous les moyens que l'on trouve autour de soi*.

Si nous nous jetons dans la lutte pour le mieux en nous fiant à nos impulsions instinctives, sans avoir essayé de comprendre en quoi consiste ce « mieux », nous risquerons toujours de répéter les nombreuses fautes des âges antérieurs. Dans la vie sociale, aux heures de renouvellement de l'humanité, les forces qui créent le mouvement social là où il n'existait pas, qui l'accélèrent là où il s'est ralenti, et qui lui impriment le caractère d'une époque nouvelle de la civilisation, ces forces sont et ne peuvent être autre chose que la pensée et l'énergie active de l'individu représentant et réalisant les exigences de l'époque donnée et le travail intellectuel de toute l'histoire antérieure. L'homme qui ne tend pas de toutes ses forces vers la réalisation du progrès dans le sens où il le conçoit, lutte *contre* lui.

Ainsi, l'obligation à la lutte pour le progrès est vraiment un devoir moral pour l'individu qui a compris le sens de cette notion. Mais comment participer à cette lutte? Avant tout, dit Lavrov, l'homme de progrès doit au nom de la civilisation, tendre à expliquer aux autres sa propre manière de concevoir le progrès, *il doit tendre à faire des prosélytes*. Les individus isolés ne sont rien, au point de vue social, quelque forte et sincère que soit leur conviction; seule une force collective peut avoir une importance historique. C'est pourquoi l'homme de progrès a pour devoir d'entrer à titre d'élément dans la collectivité organisée par des hommes qui agissent dans une direction déterminée, par la parole et par l'action. Pour réussir dans ses diverses manifestations sociales, il faut encore qu'il change *lui-même*, qu'il transforme ses propres habitudes de pensée et de vie.

Qu'il propage autour de lui la vraie conception intellectuelle du progrès, ou qu'il fasse partie de l'organisation collective et travaille à organiser la force sociale en vue de la lutte pour le progrès dans la société, l'homme qui lutte pour le progrès doit offrir, dans sa pensée personnelle et dans sa vie personnelle, un *exemple* pratique de l'orientation que le progrès doit créer dans la pensée et la vie des individus en général.

Avant de se consacrer à la vie sociale, il faut donc se tracer un plan bien arrêté de vie individuelle conforme à l'idéal du progrès qu'on veut propager.

III

Pour Lavrov, l'histoire n'embrasse pas toute l'évolution de l'humanité ; une grande partie de cette dernière est restée, et reste encore, en dehors de la vie historique. L'auteur croit qu'il y eut des peuples — les déshérités de la civilisation — que la lutte continuelle pour l'existence a privés de la possibilité d'entrer dans le mouvement historique. Pour lui, l'influence des conditions économiques et politiques sur tous les phénomènes historiques est considérable.

Dans son ouvrage *Quelques survivances dans les temps modernes*, Lavrov étudie « les deux faits historiques », les deux tentatives d'établissement d'une civilisation coutumière stable; il donne un aperçu succinct des problèmes d'aujourd'hui et il cherche à dégager les germes de l'avenir.

Ce sont d'abord les formes sociales de *l'absolutisme laïque* qu'illustre le travail intellectuel dans les différents domaines de la pensée humaine : travail critique de la science traitant des questions abstraites; travail de la philosophie « conciliante », dans la mesure du possible, envers les survivances des croyances religieuses.

Plus tard, c'est la domination de la bourgeoisie capitaliste. Elle est parfaitement indifférente aux idées. Elle tend à faire de la science exclusivement la base d'une technique puissante, favorable à l'augmentation des profits matériels. L'art devient pour elle une source de production de formes raffinées dépourvues de tout sens, de tout « contenu ». La philosophie se trouve dirigée vers un idéal abaissé, vers l'atrophie de la volonté individuelle dans toutes les sphères de la vie. Entre ces deux « faits historiques » Lavrov trouve des époques de transition : celle « des despotes-réformateurs » et celle de la période révolutionnaire; l'une eut pour agent le pouvoir traditionnel, l'autre le droit du « peuple ». A ce moment, on reconnaît parfaitement l'opposition entre la civilisation laïque moderne et la civilisation de l'Église. L'absolutisme, sous toutes ses formes, est jugé incapable de servir d'instrument au progrès social. Une scission se produit entre la science et la métaphysique. Enfin, apparaissent les problèmes sociaux, ils surgissent même dans le domaine de l'art.

L'auteur constate le même caractère de transition à l'époque où nous vivons, « époque caractérisée par la protestation théorique et pratique contre la civilisation bourgeoise capitaliste ». Il y a lutte dans tous les domaines de la vie et de la pensée; cette lutte est encore loin de son terme et ses phases futures ne peuvent être prévues qu'avec plus ou moins de probabilité. La lutte présente contient un enchevêtrement très complexe des traits caractéristiques des survivances incontestables du passé et des germes probables de l'avenir. L'avenir qui nous attend reste complètement conjectural.

Mais avons-nous quelque raison d'admettre que tel ou tel trait de l'histoire forme l'un des germes de cet avenir conjectural? La même difficulté se présente dans l'étude de tous les phénomènes qu'on ne saurait ni constater directement ni contrôler par l'expérience. Cela n'empêche pas les penseurs d'avoir recours, dans ces cas, à des hypothèses et de s'en servir pour grouper et classer les faits, pourvu que l'hypothèse satisfasse aux conditions fondamentales de toute hypothèse scientifique. Elle doit, comme telle, embrasser un monde plus ou moins considérable de faits et de phénomènes réels, n'être en contradiction avec aucun d'eux et ne pas introduire dans l'étude, comme substance ou comme faits réels, des formules générales et des notions abstraites.

Sans doute, il y a un certain danger à appliquer ce critérium à l'étude des phénomènes historiques et sociologiques : il faut être excessivement circonspect quant aux anomalies temporaires et épisodiques de la marche de l'évolution ou quant à la ressemblance extérieure et superficielle des phénomènes se rapportant en réalité à des phases fort différentes de cette évolution.

Néanmoins, Lavrov a parfaitement raison, au point de vue scientifique, de chercher dans différentes époques de l'histoire, dans différents éléments d'ordre sociologique, les *germes de l'avenir*, réalisés déjà en partie seulement ou qui attendent encore leur fructification.

Nous ne suivrons pas l'auteur à travers toutes les étapes de l'évolution de la vie et de la pensée humaines ; ce qui nous intéresse dans son étude, c'est la conception, les germes de l'avenir tels qu'il les entrevoit.

IV

Arrêtons-nous cependant un instant sur quelques points caractéristiques des idées générales de Lavrov.

Parlant de l'époque « où la science élargissait et consolidait son royaume », où chaque pas en avant amenait de vastes et brillantes conquêtes dans le domaine scientifique, époque de Lavoisier, de Pierstley, de Haller, de Galvani, de Linné, époque où la chimie, l'électricité, la physiologie et la systématisation des organismes donnaient naissance à des sciences indépendantes et où, en même temps, une étude plus exacte des phénomènes physiques, chimiques, biologiques établissait entre ces phénomènes le lien le plus étroit, quoique purement scientifique, parlant de l'époque où, à côté de l'ancienne logique, toute formelle, se développait la théorie critique de la connaissance, où l'ermite de Kœnigsberg posait devant l'univers le principe purement abstrait de « l'impératif catégorique », Lavroy fait ressortir, avec beaucoup d'ingéniosité, l'antagonisme qui existait quand même entre ce qu'on pourrait appeler « la théorie et la pratique de la libre pensée », non seulement dans le domaine sociologique, mais aussi dans celui de la philosophie pure. La scission était complète entre les partisans des sciences exactes et les disciples de l'idéalisme métaphysique, elle se précisa surtout à l'époque même des révolutions politiques et de la préparation du règne de la bourgeoisie. Autant les grands empiriques dédaignaient les métaphysiciens pour leur manque d'exactitude dans l'étude des faits et le caractère fantastique de leurs constructions, autant ces derniers trouvaient misérables les conquêtes partielles de la connaissance exacte et ne voulaient admettre comme « science » qu'une conception du monde et de la vie dans leur ensemble et dans leur unité ! Ces écoles métaphysiques offraient dans leurs tendances, en partie inconscientes, des survivances de la période des religions universelles. C'était une nouvelle tentative de créer une conception métaphysique du monde servant de base à un système de morale pratique, de remplacer les anciennes religions universelles par une religion nouvelle, d'où seraient seulement écartées autant que possible, les survivances de l'animisme. D'autre part, on voit prédominer dans les rangs des savants empiriques de ce temps une survivance remontant au début de la période de la civilisation laïque, notamment la tendance à éloigner le champ des investigations scientifiques des questions de la vie sociale de tous les jours. Les savants empiriques combattaient non seulement la métaphysique, mais le plus souvent toute généralisation large, toute « idéologie », ils opposaient les questions scientifiques aux problèmes que posait la vie sociale. Au nom du culte des vérités abstraites, ils prêchaient l'indifférence envers les maux sociaux. Au milieu des phases consécutives de l'évolution sociale, au milieu de l'enthousiasme révolutionnaire, l'isolement volontaire des savants créait des adeptes de l'indifférence envers les idées et les intérêts supérieurs.

Cette tendance a eu pour résultat un autre phénomène « pathologique » dans le domaine de la pensée. Il existait, avant cette époque, à côté des savants portés vers l'irréligion, des savants croyants qui n'apercevaient pas les contradictions existant entre les méthodes scientifiques de la pensée qu'ils avaient adoptées et les dogmes traditionnels de leur foi. Désormais, on voit de plus en plus souvent des esprits incontestablement puissants admettre, d'une façon consciente, pour ces deux domaines de la pensée, deux méthodes : dans la chimie ou la biologie, ils sont des critiques sévères, tandis que devant les dogmes du catéchisme de leur secte, ce sont d'humbles croyants, comprenant très bien que l'application de la critique à ce catéchisme le réduirait au néant.

En d'autres termes, les métaphysiciens et les empiriques mettaient une barrière entre la théorie et la pratique.

L'apparition de l'*économie politique* fait disparaître peu à peu cet antagonisme. L'économie politique est étroitement liée non seulement à la pensée scientifique pure, mais aussi à la vie pratique. Un nouveau courant du travail de la pensée apparaît sur la scène historique. Il fait reculer au second plan la lutte vive entre la pensée critique et le cléricalisme pratique, il donne à la lutte politique, devenant toujours de plus en plus aiguë, des réformateurs, des révolutionnaires qui établissent des tendances purement *économiques*.

Mais les éternelles contradictions reparaissent. L'économie politique est considérée par la bourgeoisie comme sa force intellectuelle et morale *à elle*, lui fournissant l'auréole de la légitimation scientifique. La bourgeoisie ne veut pas constater que cette force, sur laquelle elle cherche à s'appuyer, renferme de menaçantes contradictions, qui rendent inévitablement instable le régime bourgeois et préparent la protestation d'une nouvelle époque de transition, celle du courant socialiste...

Nous arrivons à la source même où Lavrov voit naître les *germes de l'avenir*, réalisés déjà en partie ou qui attendent encore leur fructification.

V

Lavrov admet qu'à chaque phase de civilisation nouvelle, comme à toutes les époques historiques en général, les traits dominants de cette phase se manifestent par la destruction de certaines institutions sociales ou par la création de formes nouvelles. La destruction, la modification, la création se réalisent par des procédés purement empiriques ou s'appuient sur une critique plus ou moins rationnelle. Les nouvelles coutumes et les types individuels s'élaborent inintentionnellement, en dehors de tout processus logique et régulier dont nous ayons conscience ; nous ne pouvons que difficilement nous représenter des formes de sociabilité et des types personnels qui ne nous sont pas habituels. Mais il est certain qu'ils *naîtront* et leurs germes existent déjà. Pour comprendre toute la difficulté qu'il y a à se représenter ces types individuels, non existants, il suffit de se rappeler combien il est difficile pour nous, dans la vie réelle, de comprendre un individu qui vit à côté de nous, s'il a une tournure d'esprit et un caractère un peu originaux. Chaque époque historique élabore des types individuels réels et des types idéaux. Mais plus les types réels, positifs, se rapprochent des types idéaux, plus la société sera prête à railler et à repousser les hommes qui ne ressemblent pas à *tout le monde*. Une chose est certaine, c'est que l'élaboration des individus de tel ou tel type, les particularités du travail de leur pensée dépendent, avant tout, de l'énergie plus ou moins grande de leur volonté.

Lavrov n'est pas cependant un individualiste. C'est l'individu, dit-il, qui décide souverainement s'il appartient à tel ou tel parti. Une fois qu'il l'a accepté, c'est le parti qui décide dans les difficultés particulières. Tout socialiste — puisque la source des germes de l'avenir est le socialisme — doit lutter pour son existence, pour son développement et pour ses convictions, dans les circonstances les plus variées de sa vie privée.

Il doit mener une lutte individuelle. Mais quels sont les armes *permises* au socialiste pour atteindre ces buts pratiques ?

— D'abord, répond Lavrov, l'*exemple de sa vie privée*; la propagande par l'exemple doit s'exprimer dans toutes les manifestations de la vie : — choix des moyens d'existence, question des femmes, sympathies et antipathies personnelles, vie de famille, etc. Lavrov attache une très grande importance à la vie familiale.

Quels sont les éléments de l'organisme légal et économique de la famille actuelle et de l'organisme politique actuel de l'État qui ont des chances de subsister dans l'avenir ? Sous quelles formes se manifesteront les besoins d'affection entre les individus de sexe différent, ces besoins que la famille moderne s'efforce de satisfaire d'une façon bien insuffisante ? Comment s'établiront la concurrence économique et la domination politique ?

Lavrov ne répond pas clairement à ces questions. Il assure que la religion, comme mobile de l'activité sociale, n'a aucune chance d'établir sa domination sous une forme rappelant les Églises du passé ou celles d'aujourd'hui, même si on laisse de côté la question des résultats de la lutte entre la pensée théorique scientifique et la pensée religieuse. Il considère comme beaucoup plus discutable la question de savoir si dans l'avenir les transformations sociales dépendront plutôt des intérêts économiques que des convictions morales.

Sans doute les exigences générales de la logique obligent Lavrov à conclure que la satisfaction aussi complète que possible des besoins matériels des travailleurs doit former dans l'avenir le but prépondérant et vital de la société. Cependant le sociologue russe est bien loin d'exclure la morale des lois sociales de la vie.

Pour réaliser la justice sociale et introduire dans la société la liberté et l'égalité, il ne suffit pas d'élaborer des rapports moraux et juridiques entre les individus et les groupes de citoyens : la justice doit aussi consister dans la réalisation d'un ordre économique plus juste. Une organisation économique plus parfaite ne tolérera pas longtemps des formes politiques et morales trop imparfaites.

Or, l'ordre économique actuel est injuste. Il entraîne inévitablement la domination de certaines classes sur les autres. Dans la concurrence économique il provoque, fortifie et justifie l'hostilité entre les individus, la lutte entre les classes. Il entrave l'expansion de millions d'individus, en favorisant l'épanouissement complet d'une faible minorité qu'il pervertit en l'absorbant tout entière dans la guerre contre la majorité. La condition absolue du progrès dans le temps présent, c'est de modifier radicalement l'ordre économique qui est imparfait ; c'est de substituer à ses bases d'autres bases qui permettront à l'individu d'acquérir son développement intégral, à la liberté et à l'égalité de se réaliser et à la justice de se faire une place dans la vie sociale.

Lavrov est partisan de la *lutte immédiate*. « A tous ceux qui se plaignent de leur époque, de la nullité des hommes, de la réaction, je demande : et vous qui voyez clair, au milieu des aveugles, vous qui êtes les bien-portants parmi les malades, qu'avez-vous fait vous-mêmes pour contribuer au progrès ? Si vos talents et vos connaissances sont suffisants pour vous permettre de critiquer ce qui existe, ils seront également suffisants pour que vous puissiez réaliser vos idées dans la vie. Il s'agit seulement de ne pas laisser échapper les occasions d'agir. Qu'importe si votre action est petite : toutes les substances sont formées de particules infiniment petites ; les plus grandes forces se composent, elles aussi, d'impulsions infiniment petites [1]. »

Lavrov se fait une haute idée du rôle de l'individu dans l'histoire et dans la vie sociale. Il dit à l'homme : — Tes forces sont minimes, mais aussi minimes étaient les forces de ceux de tes ancêtres qui ont créé le présent. Efforce-toi donc de devenir une force, car ce n'est que par cette voie qu'ont été remportées toutes les victoires qui semblaient invraisemblables et que la majorité était plus tard prête à considérer comme miraculeuses. Ce qui a toujours opéré le miracle, c'est la force

[1] *Lettres historiques*, V.

de la pensée et l'énergie de la volonté des individus qui servaient d'instruments nécessaires au déterminisme. Quand tu t'es donné un but, comme ton idéal individuel, quand tu as appliqué à cet idéal toutes les forces de ta pensée, toute l'énergie de ta volonté, dans le monde des fins que tu te crées et des moyens que tu choisis, alors ton travail est fait. Que la vague du déterminisme historique saisisse ensuite ton *moi* et ton travail dans son cours irrésistible, et qu'elle les lance dans le tourbillon des événements ! Qu'ils passent du monde des fins et des moyens dans le monde des causes et des effets, indépendants de ta volonté ! Ton travail ou ton abstention n'en sont pas moins entrés comme un élément qu'on ne peut plus éliminer dans la constitution de l'avenir, inconnu de toi. L'histoire que tu as comprise, t'a enseigné à apprécier le rôle des différentes possibilités dans ta lutte pour les fins que tu t'es posées, à combattre énergiquement pour conquérir un avenir meilleur pour ces milliards d'individus obscurs qui, consciemment ou inconsciemment, constituent l'avenir à côté de toi. Lutte donc pour cet avenir, et n'oublie jamais ces paroles : Celui-là seul est vaincu qui s'avoue vaincu.

Lavrov croit à un travail énergique des individus, non pas en vue de leurs propres intérêts matériels, mais de ceux de l'humanité dans son entier, comme un tout uni et solidaire ; il se refuse à distinguer ce travail conscient du culte le plus dévoué de l'idéal social et moral.

Lavrov, considéré comme « l'un des plus farouches nihilistes », a changé, par ses hautes conceptions éthiques et par l'unité de sa vie et de ses idées, le sens du mot « nihilisme ». Il ne signifie plus la négation morale et sociale. Il n'a plus rien de commun ni avec la définition que lui attribue Tourguenev dans certains de ses romans ni avec la qualification infligée par Augustin à ceux « qui ne croient à rien et n'enseignent rien » : *Nihilisti appellantur quia nihil credunt et nihil docent.*

Le terme « nihiliste » ne s'applique plus aux individus, il est devenu un *principe*, non pas de destruction et de négation, mais de croyance : le nihilisme contemporain nie la rationalité de l'état actuel des choses, mais il a foi dans des temps meilleurs.

CHAPITRE III

KROPOTKINE

I

Pierre Kropotkine[1] croit que la vieille société est à son déclin et que l'humanité élabore déjà de nouveaux modes de groupements. Après avoir atteint leur point culminant de développement au XVIIIe siècle, les vieux États de l'Europe sont entrés aujourd'hui dans leur phase descendante ; ils tombent en décrépitude. Les peuples — surtout ceux de la race latine — aspirent, pour ne pas disparaître, à se transformer. Si les classes dirigeantes pouvaient avoir le sentiment de la situation, elles s'empresseraient de marcher au-devant de ces aspirations. Mais, vieillies dans les traditions, elles s'opposent de toutes leurs forces à ce nouveau courant d'idées.

L'histoire de nos jours, c'est l'histoire de la lutte des gouvernants privilégiés contre les aspirations égalitaires des peuples. Ce ne sont pas des principes, des considérations de bien public qui déterminent l'appari-

[1] *Œuvres*, 1893-1898.

tion de telle ou telle loi; c'est la lutte contre le peuple pour la conservation du privilège.

Mais *l'économie politique*, qui fut à ses débuts une étude sur la richesse des *nations*, s'occupe maintenant de *la richesse des individus*. Elle tient moins à savoir si telle nation fait ou non du gros commerce extérieur; elle veut s'assurer que le pain ne manque pas dans la chaumière du paysan et de l'ouvrier. Et comme elle constate que les besoins les plus pressants de la majorité de l'humanité ne sont pas satisfaits, elle se pose la question que se poserait un physiologiste devant une plante ou un animal : Quels sont les moyens de satisfaire aux besoins de tous avec la moindre perte de force? Comment une société peut-elle garantir à chacun, et conséquemment à tous, la plus grande somme de satisfaction et de bonheur?

C'est dans ce sens que la science économique se transforme. Après avoir été si longtemps une simple constatation de phénomènes interprétés dans l'intérêt de riches minorités, elle tend à devenir une science au vrai sens du mot — une physiologie des sociétés humaines.

Kropotkine est persuadé que le socialisme moderne est forcément porté à faire un pas en avant vers le « communisme libertaire », et que tant que ce pas ne sera pas fait, l'incertitude dans l'esprit populaire paralysera les efforts de la propagande socialiste. Le socialisme lui semble amené, par la force même des choses, à accepter que la garantie matérielle de l'existence de tous les membres de la communauté soit le premier acte de la révolution sociale. Il est aussi amené à faire encore un pas. Il est forcé de reconnaître que cette garantie doit se faire, non par l'État, mais complètement en dehors de l'État, et sans son intervention.

Kropotkine estime également que la société, rentrée en possession de toutes les richesses accumulées dans son sein, peut largement assurer l'abondance à tous, en retour de quatre ou cinq heures par jour de travail effectif et manuel pour la production.

Il suffit de penser au gaspillage immense, inimaginable de forces humaines qui se fait aujourd'hui, pour concevoir ce qu'une société civilisée peut produire, avec une petite quantité du travail de chacun, et quelles œuvres grandioses elle pourrait entreprendre qui sont aujourd'hui hors de question. Malheureusement la métaphysique qu'on nomme *l'économie politique* ne s'est jamais occupée jusqu'à maintenant de ce qui devait constituer son essence — *l'économie des forces*.

Il s'agit de savoir si pareille société peut exister sans que l'homme soit soumis dans tous ses actes au contrôle de l'État.

On sait qu'une partie des socialistes affirment qu'il est impossible d'arriver à un pareil résultat sans sacrifier sa liberté sur l'autel de l'État. Kropotkine, lui, prétend que c'est seulement par l'abolition de l'État, par la libre entente, l'association, la fédération absolument libres, qu'on peut arriver à la possession et à la production communes de toutes les richesses.

II

Le peuple commence de plus en plus à prendre conscience de sa force. Kropotkine croit que la chute des États n'est plus qu'une question de peu de temps ; « le philosophe le plus tranquille entrevoit les lueurs d'une grande révolution qui s'annonce. »

Il y a des époques dans la vie de l'humanité, où la nécessité d'une secousse formidable, d'un cataclysme, qui vienne remuer la société jusque dans ses entrailles, s'impose. Nous vivons daus une de ces époques. On sent la nécessité d'une révolution implacable qui vienne non seulement renverser l'échelle politique, mais aussi remuer la société dans sa vie intellectuelle et morale, secouer la torpeur, purifier les mœurs, apporter le souffle vivifiant des passions nobles, des grands élans, des généreux dévouements.

L'histoire nous a conservé le souvenir d'une pareille époque, celle de la décadence de l'empire romain. Nous nous trouvons aujourd'hui comme alors en face d'une transformation profonde qui s'opère dans les esprits et ne demande plus que des circonstances favorables pour se traduire dans les faits.

Si la révolution s'impose dans le domaine économique, si elle devient une impérieuse nécessité dans le domaine politique, elle s'impose bien plus encore dans le domaine moral. Les relations de plus en plus fréquentes qui s'établissent entre les individus, les groupes, les nations créent à l'humanité de nouvelles obligations morales. Et à mesure que les croyances religieuses s'en vont, l'homme s'aperçoit que pour être heureux, il doit s'imposer des devoirs, non plus envers un être inconnu, mais envers tous ceux avec lesquels il entre en relations. L'homme comprend que le bonheur de l'individu isolé n'est pas possible, qu'il ne peut être cherché que dans le bonheur de tous, le bonheur de la race humaine. « Si tu veux être heureux, fais à chacun et à tous ce que tu voudrais que l'on te fît à toi-même. » Et cette simple affirmation, induction scientifique, qui n'a plus rien à voir avec les prescriptions religieuses, ouvre d'un seul coup tout un horizon immense de perfectibilité, d'amélioration de la race humaine.

Décadence et décomposition des formes existantes et mécontentement général; élaboration ardue de formes nouvelles et désir impatient d'un changement; élan juvénile de la critique dans le domaine des sciences, de la philosophie, de l'éthique, et fermentation générale de l'opinion publique d'une part; d'autre part, l'indifférence paresseuse ou la résistance criminelle de ceux qui détiennent le pouvoir et qui ont encore la force de s'opposer au développement des idées nouvelles : tel est le tableau de la société actuelle.

Affranchissement pour le producteur du joug du capital. Affranchissement pour le citoyen du joug gouvernemental. Affranchissement pour l'homme de la morale extérieure : selon Kropotkine, ce n'est pas là un rêve de penseurs, c'est une déduction résultant de l'analyse des *tendances* de la société contemporaine. La révolution s'impose. Elle aura un caractère d'universalité qui la distinguera des précédentes. Ce ne sera pas *un* peuple, *un* pays qui se lancera dans la tourmente, ce seront *les* pays de l'Europe. Si, autrefois, une révolution localisée était possible, aujourd'hui, avec les liens de solidarité qui se sont établis en Europe et ont donné l'équilibre instable de tous les États, une révolution locale est devenue une impossibilité. Comme en 1848, une secousse se produisant en un pays gagnera nécessairement les autres, et le feu révolutionnaire embrasera l'Europe entière.

Kropotkine préfère la révolution aux réformes. Une réforme est toujours un compromis avec le passé, elle se borne à le modifier plus ou moins ; tandis qu'une révolution plante toujours un jalon pour l'avenir : « Si petit qu'il soit, le progrès accompli par la voie révolutionnaire est une promesse d'autres progrès. » L'une se retourne en arrière, l'autre regarde en avant et dépasse son siècle.

Toute l'histoire de l'humanité est celle d'une lutte incessante entre ceux qui veulent s'organiser sur des principes d'égalité et de liberté et ceux qui cherchent à se faire la vie agréable aux dépens du travail d'autrui. Les civilisations naissent et s'effondrent, les empires grandissent et disparaissent, les guerres ensanglantent le monde, — la cause est toujours dans la lutte entre les deux partis. La grande révolution de 89 a-t-elle détruit la lutte des partis? Et celle de 48? Kropotkine oublie que si jamais une révolution se fait — et elle se fera sans doute — elle ne supprimera pas la lutte des partis, elle sera incapable d'établir une seule classe. Au lendemain de la Révolution, il se formera un parti d'opposition, peut-être parmi les partisans même de cette révolution.

III

Une révolution morale changerait et modifierait davantage qu'une révolution purement politique. D'ailleurs Kropotkine ne nie pas la force de la morale, il admet que l'idée du bien et du mal existe dans l'humanité.

L'homme, quelque degré de développement intellectuel qu'il ait atteint, considère généralement comme bon ce qui est utile à la société dans laquelle il vit, et comme mauvais ce qui lui est nuisible.

Mais d'où vient cette conception ? Si l'homme distingue entre le bien et le mal, disent les religions, c'est que Dieu lui a inspiré cette idée. D'autres (Hobbes) ont cherché à l'expliquer par la *loi*. Ce serait la loi qui aurait développé chez l'homme le sentiment du juste et de l'injuste, du bien et du mal.

La vérité est que la loi a simplement utilisé les sentiments sociaux de l'homme pour lui glisser des ordres utiles à une certaine classe de la société. Elle a perverti le sentiment de justice au lieu de le développer. Les utilitaires veulent que l'homme agisse moralement par intérêt personnel, et ils oublient ses sentiments de solidarité avec la race, l'humanité.

Suivant Kropotkine, c'est aux penseurs du xviiie siècle qu'appartient la découverte, en partie du moins, de l'origine du sentiment moral. C'est Adam Smith qui la trouva dans le sentiment de sympathie. Libre de tout préjugé religieux, Adam Smith chercha l'explication morale dans la nature physique de l'homme. En toute société animale, la solidarité est une loi de la nature, infiniment plus importante que cette lutte pour l'existence dont les vulgarisateurs de Darwin nous chantent la vertu.

Dans le monde animal, comme dans le monde humain, la loi de l'appui mutuel, ainsi que le courage et l'initiative individuelle qui en découlent, assurent la victoire à l'espèce qui sait le mieux les pratiquer. C'est la morale de Guyau que Kropotkine adopte définitivement. Là, où les philosophies kantienne, positive et évolutionniste ont échoué, la philosophie de Guyau a trouvé le vrai chemin.

« Sentir intérieurement ce qu'on est capable de faire, c'est par là même prendre la première conscience de ce qu'on a *le devoir* de faire. » *Sois fort!* Déborde d'énergie intellectuelle et passionnelle, — et tu déverseras sur les autres ton intelligence, ton amour, ta force d'action ! Voilà à quoi se réduit tout l'enseignement de morale sociale.

Dans l'homme vraiment moral l'humanité se manifeste par la force intérieure qui le pousse à donner son intelligence, ses sentiments, ses actes, sa vie, sans rien demander en retour.

Kropotkine considère Guyau, à juste titre, comme le fondateur de l'éthique libertaire (science de la morale des sociétés).

Les moralistes qui ont bâti leurs systèmes sur une opposition prétendue entre les sentiments égoïstes et les sentiments altruistes, ont fait fausse route. Si cette opposition existait en réalité, si le bien de l'individu était réellement opposé à celui de la société, l'espèce humaine n'aurait pu exister. Quand Spencer prévoit un temps où le bien de l'individu se confondra avec le bien de l'espèce, il oublie une chose : *c'est que si les deux n'avaient pas toujours été identiques*, l'évolution même du règne animal n'aurait pu s'accomplir. Ce qu'il y a eu de tout temps, c'est qu'il s'est toujours trouvé dans le monde animal, et surtout dans l'espèce humaine, un grand nombre d'individus qui ne *voulaient pas comprendre* que le bien de l'individu et celui de l'espèce sont, au fond, identiques.

IV

Nous sommes riches dans les sociétés civilisées, pourquoi donc autour de nous cette misère? Pourquoi ce travail pénible, abrutissant des masses? Pourquoi cette insécurité du lendemain, même pour le travailleur le mieux rétribué, au milieu des richesses héritées du passé et malgré les moyens puissants de production? Parce que tout ce qui est nécessaire à la production a été pris par quelques-uns dans le cours de cette longue histoire que l'humanité a vécue avant d'avoir appris à dompter les forces de la nature.

Pouvant désormais concevoir la solidarité, cette puissance qui centuple l'énergie et les forces créatrices de l'homme, la société nouvelle marchera à la conquête de l'avenir avec toute la vigueur de la jeunesse. Cherchant dans son sein même des besoins et des goûts à satisfaire, la société assurera largement à chacun de ses membres la vie, la satisfaction morale que donne le travail librement choisi, librement accompli, et la joie de pouvoir vivre sans empiéter sur la vie des autres. Inspirés par le sentiment de solidarité, tous marcheront ensemble à la conquête des hautes jouissances du savoir et de la création artistique. Une société ainsi inspirée n'aura à craindre ni les dissensions à l'intérieur, ni les ennemis du dehors. Aux luttes du passé, le réveil de son génie opposera l'amour et la solidarité.

Tout à tous. Pourvu que l'homme et la femme apportent leur quote-part de travail pour produire les objets nécessaires, ils ont droit à leur quote-part de tout ce qui sera produit par tout le monde. « Morale sans obligation ni sanction, » morale par habitude. Créons des circonstances dans lesquelles l'homme ne soit pas porté à mentir, à tromper, à exploiter les autres, et le niveau moral de l'humanité, de par la force même des choses, s'élèvera à une hauteur inconnue jusqu'à présent.

Morale passée à l'état de spontanéité — voilà la vraie morale, la seule !

CHAPITRE IV

HERZEN [1]

Il y a trente ans, un contemporain d'Alexandre Herzen disait sur son tombeau provisoire au Père-Lachaise : « De ce grand citoyen auquel nous venons rendre les derniers devoirs, la Russie ne portera pas le deuil ; seuls quelques amis restés fidèles le porteront dans leurs cœurs. Mais un jour viendra où ses compatriotes, comprenant mieux leur histoire, se rappelleront sa tombe solitaire [2]. » Paroles presque prophétiques.

Le nom d'Herzen, qui ne pouvait être imprimé, récemment encore, en Russie, commence à y pénétrer de plus en plus. On publie sa *Correspondance*, l'histoire [3] — oh! combien incomplète! — de sa vie agitée et tumultueuse; ses œuvres [4], parues généralement à l'étranger, sont encore interdites aux Russes « bien pensants »; on a

(1) 1812-1870.
(2) Wyroubov, *La Cloche* (Paris), 25 janvier 1870. (Ne pas confondre avec la *Cloche* d'Herzen.)
(3) Smirnov, *Jizne i dietatelnoste Herzena* (La vie d'Herzen). Saint-Pétersbourg.
(4) Œuvres complètes, dix volumes (en russe), Genève.

presque oublié ses *Lettres sur la nature*[1] dans lesquelles Herzen expose et critique les systèmes philosophiques jusqu'à Bacon; mais les légendes sur ses aventures politiques ont communiqué au pseudonyme d'*Iskander*[2] un prestige qui augmente toujours.

Herzen n'est ni un philosophe ni un sociologue proprement dit, c'est avant tout un agitateur, et comme tel il a puissamment servi le mouvement des idées en Russie; on croit encore aujourd'hui y entendre le son répercuté de son *Kolokol*[3]. Ses écrits n'ont rien perdu de leur vigueur; certaines de ses pages sont presque d'hier. « Les Russes ne sont point parvenus à une stabilité déterminée, ils la cherchent, ils aspirent à un ordre social plus conforme à leur nature et ils restent dans un provisoire arbitraire, le détestant et l'acceptant, voulant s'en défaire et le subissant à contre-cœur[4]. »

L'antithèse établie par Herzen entre les Russes et les Allemands (on pourrait dire : *Européens*) garde encore sa fine saveur. « Ils ont surtout l'avantage d'avoir des règles positives, élaborées; nous avons sur eux l'avantage des forces robustes, d'une certaine latitude d'es-

---

(1) *Otetschestvennia Zapisky* (Annales de la Patrie).
(2) Pseudonyme d'Herzen.
(3) *La Cloche* hebdomadaire (1857), qui succéda à l'*Étoile polaire* (Poliarnaia Zvezda) (1855), publications russes dirigées par Herzen à Londres.
(4) Herzen. *Du développement des idées révolutionnaires en Russie.* Londres, 1853, p. XVII.

pérance. Là où ils sont arrêtés par leur conscience, nous sommes arrêtés par un gendarme. Nous les froissons profondément par notre laisser-aller, par notre conduite, par le peu de ménagement des formes. Ils nous ennuient mortellement par leur pédantisme bourgeois, par leur purisme affecté, par leur conduite irréprochablement mesquine. Chez eux un homme qui dépense plus de la moitié de ses revenus est taxé de fils prodigue, de dissipateur. Un homme qui se borne chez nous à ne manger que ses revenus est considéré comme un monstre d'avarice[1]... »

Herzen convient cependant que dans le monde slave il y a un élément de civilisation occidentale... à la surface, et dans le monde européen un élément complètement barbare... à la base. Il trouve que s'il est horrible de vivre en Russie, il est aussi horrible de vivre en Europe ; la seule différence, c'est qu'en Europe la lutte est ouverte. On ne succombe pas en Europe sans avoir fait entendre sa voix.

On reproche souvent à Herzen ses sympathies excessives pour le parti slavophile. C'est une erreur, Herzen combattait les slavophiles, — par moments, il est vrai, d'une manière assez étrange. Ainsi, parlant de la lutte entre les « occidentaux » et les panslavistes, Herzen s'exprime ainsi : « Nous aimons le

---

(1) *Du développement des idées révolutionnaires en Russie.*

peuple russe autant qu'eux, mais notre amour n'est pas le leur; comme Janus, ou comme l'aigle à deux têtes, nous regardons de côtés opposés, quoique *nos cœurs battent à l'unisson*[1]. » Herzen accuse les slavophiles de professer « une orthodoxie exagérée ». Les slavophiles sont coupables de l'ignorance dans laquelle on a longtemps tenu le peuple russe; « leur idéal liturgique et la fumée de leurs cierges empêchent de voir les principes qui servent de base à la vie de la population agricole[2] ».

Les slavophiles n'ont point changé depuis Herzen. Le culte naïf qu'ils rendent à l'enfance de l'histoire russe est ridicule, leur intolérance religieuse n'a vraiment pas de bornes. Leur enseignement est « une chaîne pour arrêter l'essor de la pensée », une sujétion de la conscience au servile byzantinisme de l'Église. « Le patriotisme des slavophiles prend des allures policières qui sentent le knout, surtout à Pétersbourg, où cette tendance aboutit à l'invention d'un hymne national[3]. » Le nationalisme, comme drapeau, comme cri de guerre, ne s'entoure d'une auréole que lorsqu'un peuple combat pour son indépendance.

(1) *Kolokol.*
(2) *Le monde russe et la révolution*, 1840-1847, p. 168.
(3) *Ibid.*, 174.
On chanta d'abord l'hymne national sur l'air du *God save the King*. C'est à partir de la guerre de Pologne qu'on ordonna de chanter un hymne composé par le colonel Lvov, du corps de la gendarmerie.

Les slavophiles haïssent l'indépendance comme « fruit pourri de l'Occident ». Herzen ne croit pas que les destins de l'humanité soient cloués à l'Europe occidentale, mais il prêche *l'union entre la Russie et l'Europe*. « Si l'Europe ne parvient pas à se relever par une transformation sociale, d'autres contrées se transformeront; il y en a qui sont déjà prêtes pour ce mouvement, d'autres s'y préparent. L'une est connue : les États-Unis de l'Amérique du Nord; l'autre est pleine de vigueur, mais aussi pleine de sauvagerie; on la connaît peu ou mal, c'est la Russie. »

Il y a dans l'apparition de certains peuples quelque chose qui arrête le penseur, le fait méditer, le rend inquiet comme s'il sentait une nouvelle force, une nouvelle mine souterraine, une fermentation sourde qui cherche à soulever la croûte, à déborder, comme s'il entendait dans un lointain inconnu des pas de géants qui se rapprochent de plus en plus... Herzen estime que les peuples germano-latins ont produit « deux histoires, deux mondes dans le temps et deux mondes dans l'espace : ils se sont usés deux fois ». Il est très possible qu'ils aient assez de sève, assez de puissance pour une troisième métamorphose, mais elle ne pourra se faire par les formes sociales existantes, ces formes étant en contradiction flagrante avec la pensée révolutionnaire. Pour réaliser les grandes idées de la civilisation européenne, il faut traverser l'Océan et chercher un sol moins encombré de ruines. Au contraire, toute l'existence passée des peuples slaves porte un caractère de commencement, d'une prise de possession, de croissance et d'aptitude. Ils ne font qu'entrer dans le grand fleuve de l'histoire ; ils n'ont jamais eu un développement conforme à leur nature, à leur génie, à leurs aspirations. Ces aspirations se rencontrent avec les aspirations révolutionnaires des masses en Europe. Les mêmes accords résonnent dans les chœurs internationaux. Les barbares du Nord et les civilisés de l'Europe ont une espérance commune — la révolution sociale. La puissante pensée de l'Occident, dernier terme de son long développement historique, pourra féconder les germes qui sommeillent au sein de l'ordre patriarcal des peuples slaves. L'artel et la commune rurale, le partage des produits et des champs, tout cela servira d'assises au futur régime de la liberté en Russie.

Herzen n'exclut jamais le droit individuel de la conception du progrès social. Pour lui, l'avenir de la Russie sera d'un grand danger pour l'Europe et pour la Russie même, s'il ne fait pas entrer des ferments émancipateurs dans le *droit individuel*. Heureusement, la Russie progressiste a toujours eu une position extraordinaire par rapport à cette grave question de l'individualité. Pour l'homme de l'Occident, un des plus grands malheurs qui maintiennent l'esclavage, le paupérisme des masses et l'impuissance des révolutions, c'est l'asservissement moral ; ce n'est pas un manque du sentiment de l'individualité, mais un manque de clarté dans ce sentiment, faussé qu'il est par les antécédents historiques. Les peuples de l'Europe ont donné tant d'âme et tant de sang pour les révolutions passées, qu'elles sont toujours présentes, et que l'individu ne peut faire un pas sans se heurter à des souvenirs qui l'écrasent. L'individu, au lieu de conserver sa liberté d'action, doit se soumettre ou s'insurger. Il n'est pas libre, il est esclave du passé.

La Russie est dans une autre position. Les murs de sa prison sont de bois; élevés par la force brutale, ils céderont au premier choc. Une partie du peuple, reniant tout son passé, montre quelle puissance de négation elle possède ; pour l'autre, le régime actuel est un bivouac temporaire. On obéit parce qu'on craint, mais on ne croit pas. Il n'est pas facile à l'Europe de se défaire de son passé, elle le conserve contrairement à ses intérêts. La Russie est libre du passé, et c'est un grand avantage.

L'Europe n'a pas résolu l'antinomie entre l'individu et l'État. L'influence des individus n'est pas aussi minime qu'on est tenté de le croire, l'individu est une force vive, un ferment puissant dont l'action n'est même pas toujours paralysée par la mort. En Russie, l'individu, n'ayant pas de passé, puise toute sa force en lui-même.

« Il n'y a rien derrière les palissades où une puissance

supérieure nous tient en état de siège. » La possibilité d'une révolution en Russie se réduit à une question de force matérielle. C'est ce qui fait de ce pays le sol le mieux préparé pour une régénération sociale.

Herzen engage la Russie à entrer dans le mouvement européen. « L'isolement condamne à vivre dans la sauvagerie... Tout ce qui est vraiment social conduit involontairement à la solidarité [1]... »

(1) *Le monde russe et la révolution*, p. 199.

CHAPITRE V

BAKOUNINE

I

L'œuvre de Michel Bakounine [1] est tout à fait désordonnée, on y trouve cependant des idées sociales d'ordre philosophique, un peu tumultueuses, mais d'une rare énergie. C'est un esprit pas toujours clairvoyant, presque toujours logique.

D'après Bakounine, trois principes fondamentaux constituent dans l'histoire les conditions essentielles de tout développement humain, collectif ou individuel : 1° *l'animalité humaine;* 2° *la pensée;* 3° *la révolte.* A la première correspond *l'économie sociale* et *privée;* à la seconde, *la science;* à la troisième, *la liberté.*

Dans la lutte entre les idéalistes et les matérialistes Bakounine opte pour ces derniers. Avec Proudhon, il affirme que l'idéal n'est qu'une fleur dont les conditions matérielles de l'existence constituent la racine. Pour lui, toute l'histoire intellectuelle et morale, politique et

---

[1] Paris, 1895.

sociale de l'humanité est un reflet de son histoire économique. Le monde social n'est autre chose que le développement, la manifestation la plus haute de l'animalité. Mais comme tout développement implique nécessairement une négation, celle de la base ou du point de départ, l'humanité est en même temps la négation réfléchie et progressive de l'animalité dans les hommes ; et c'est précisément cette négation, rationnelle parce qu'elle est naturelle, à la fois historique et logique, fatale comme le sont les développements et les réalisations de toutes les lois naturelles dans le monde, qui constitue l'idéal, le monde des convictions intellectuelles et morales, les idées.

La faculté de penser et le besoin de liberté, combinant leur action progressive dans l'histoire, représentent la puissance du développement positif de l'animalité humaine, et créent par conséquent tout ce qui constitue l'*humanité* dans les hommes.

L'idée divine, Dieu, est une erreur historiquement nécessaire dans le développement de l'humanité ; nous pouvons chercher et trouver pourquoi et comment elle s'est produite dans l'histoire, pourquoi l'immense majorité de l'espèce humaine l'accepte encore aujourd'hui, mais le développement de la conscience humaine nous prouve que l'idée divine est condamnée à une stérilité sans issue et sans fin, qu'elle est la racine de toutes les absurdités qui tourmentent le monde ; tant qu'elle ne sera pas détruite, les maux de la société resteront intacts. Amoureux et jaloux de la liberté et la considérant comme la condition absolue de tout ce que nous adorons et respectons dans l'humanité, Bakounine retourne la phrase de Voltaire : *Si Dieu existait, il faudrait l'abolir.*

L'abolition de Dieu amène Bakounine à l'abolition de toute *autorité.*

Qu'est-ce que l'autorité ? Est-ce la puissance inévitable des lois naturelles qui se manifestent dans l'enchaînement et dans la succession fatale des phénomènes du monde physique et du monde social ? Contre ces lois, en effet, toute révolte est impossible. Nous pouvons les méconnaître ou ne pas encore les connaître, mais nous ne pouvons pas leur désobéir, parce qu'elles constituent la base et les conditions mêmes de notre existence, elles nous enveloppent et développent, nous pénètrent, règlent nos mouvements, nos pensées, nos actes. Nous sommes esclaves de ces lois, mais il n'y a rien d'humiliant dans cet esclavage : il ne suppose aucun maître extérieur. La nature qui nous l'impose demeure absolument désintéressée, tandis que l'*autorité extérieure*, le législateur qui fait les lois sociales, obéit à l'égoïsme. Si encore c'étaient les hommes de science qui nous gouvernaient : la science, comme la nature, est désintéressée. Mais notre législation politique actuelle n'est pas du tout conforme aux lois naturelles de la vie, elle est toujours funeste et contraire à la liberté de la nature.

La liberté de l'homme consiste uniquement en ceci : il obéit aux lois naturelles, parce qu'il les a reconnues *lui-même* comme telles, et non parce qu'elles lui ont été extérieurement imposées par une volonté, divine ou humaine, collective ou individuelle quelconque. La seule grande et toute-puissante autorité naturelle et rationnelle à la fois, la seule que nous puissions respecter, ce sera l'esprit collectif d'une société fondée sur le respect mutuel de tous ses membres. Elle sera mille fois plus puissante que toutes les autorités divines, théologiques, métaphysiques, politiques et juridiques, instituées par l'Église et par l'État.

L'idéalisme théorique a pour conséquence nécessaire le matérialisme pratique le plus brutal. Détruisez l'inégalité sociale, fondez l'égalité économique de tous, et sur cette base s'élèveront la liberté, la moralité, l'humanité solidaire.

CHAPITRE VI

KOVALEWSKY.

I

Ethnographe, économiste, sociologue, M. Maxime Kovalewsky[1] se plaît à chercher dans l'antiquité et le moyen âge les facteurs principaux de tous les changements économiques de la société humaine. Les économistes ont considéré jusqu'à présent le régime moderne de la production, de la répartition et des échanges comme quelque chose de stable et de soumis à tout jamais aux lois naturelles, par conséquent immuables, de l'offre et de la demande, lois dont l'exercice régulier doit conduire tous et chacun de nous à la richesse et à la prospérité.

Or, M. Kovalewsky, ayant étudié les conditions d'existence de ces peuples nombreux qui n'ont point eu d'histoire et qui, pour cette seule raison, forment le domaine de l'ethnographie, est arrivé à la constatation de ce fait

---

(1) *Coutume contemporaine et loi ancienne* (*Droit coutumier ossétien*); *Les origines de la famille et de la propriété* ; *La propriété collective et la propriété individuelle* ; *Le régime économique moderne; Le régime économique de la Russie* ; *l'Angleterre* ; etc.

que la production et la répartition des richesses ne se sont pas toujours faites de la même façon; l'échange n'entrait pas dans les calculs des premiers chasseurs, pasteurs ou agriculteurs qui ont peuplé le globe; ils se contentaient de suffire à leurs propres besoins et à ceux du cercle restreint où s'écoulait leur vie. Rien, par conséquent, ne les poussait à une appropriation individuelle du sol ou à l'accumulation de capitaux. M. Kovalewsky cherche à se rendre compte des raisons d'un pareil ordre de choses, ainsi que des causes qui ont peu à peu amené la constitution du régime économique moderne, et il constate que le facteur principal de tous les changements dans l'ordre économique n'est autre chose que l'accroissement de la population.

La première question que doit se poser un sociologue soucieux d'étudier les assises d'un ordre économique déterminé, est de savoir quelle est la densité de la population tant du pays donné que de ceux qui l'environnent.

Car il suffit que la population devienne plus dense pour décider un peuple à sortir de son isolement et à faire servir de gré ou de force ses voisins aux intérêts de sa propre production et de sa consommation.

Cette thèse n'a rien de commun avec la théorie du sociologue italien, M. Loria. Pour ce dernier, toute évolution dans le régime économique n'a pour base que la disparition progressive des terres vierges. Kovalewsky croit que le moteur principal de l'évolution économique est la marche ascendante de la population.

Étudiant le passage historique de la propriété collective à la propriété individuelle, M. Kovalewsky cherche à établir les rapports d'évolution et d'interdépendance entre les formes multiples de la propriété collective, à expliquer les causes diverses qui ont produit leur dépérissement graduel et à poursuivre à travers les âges et les influences de temps et de milieu cet acheminement lent et progressif de la société humaine vers l'état d'individualisme qui nous caractérise. L'auteur admet qu'il n'y a pas de différence essentielle, surtout dans leurs origines, entre la communauté familiale et la communauté villageoise ; les mêmes éléments qui ont contribué à la formation des diverses maisonnées de parents, habitant la même localité, sont entrés dans la composition du village communiste.

La synonymie de la communauté familiale et de la communauté villageoise a une très grande portée. Ceux qui se sont attachés à prouver l'existence primordiale de la propriété immobilière ne sont guère allés au delà de l'appropriation du sol par les membres d'une même famille-groupe. Après la théorie de Kovalewsky on peut admettre que ce fait ne contredit pas la thèse générale prétendant que le système communiste a précédé celui de la possession individuelle.

M. Kovalewsky n'est pas d'accord avec les économistes admettant que la dissolution du communisme agraire s'impose comme une nécessité parce qu'une culture intense est impossible partout où « l'instinct de propriétaire » manque à l'agriculteur. Ce n'est là qu'une assertion *a priori* que l'histoire et la pratique moderne contredisent à chaque pas. L'histoire s'oppose à l'admission de la thèse chère aux économistes et l'expérience moderne russe permet d'établir la contre-partie. Elle prouve qu'on peut accroître la productivité du sol par une culture plus intense, sans se départir du mode collectif de la possession.

La ruine du communisme agraire n'a pas été occasionnée par des raisons purement économiques, il faut chercher son explication dans des faits d'ordre social et politique. C'est surtout au triomphe de la bourgeoisie et du régime de la liberté des contrats dont elle s'est faite l'apôtre, qu'il faut attribuer la disparition de ce communisme agraire, dont les origines remontent à la plus haute antiquité.

II

Nous retrouvons la même idée dans le principal ouvrage de M. Kovalewsky : *Coutume contemporaine et loi ancienne*, dont le but est d'éclairer les vieilles lois et coutumes des nations d'origine aryenne « de cette lumière que les usages des Ossètes répandent à profusion sur elle ». Nous la retrouvons aussi dans son *Tableau des origines et de l'évolution de la famille et de la propriété*[1]. L'auteur apporte, dans ce dernier travail, une nouvelle lumière sur les origines de la famille et de la propriété. Cette lumière jaillit tantôt de données ethnographiques, historiques ou juridiques non encore étudiées, tantôt d'une critique plus serrée des théories en vogue. Les études spéciales que M. Kovalewsky a faites du monde slave et des tribus autochtones du Caucase lui ont permis d'ajouter quelques données nouvelles aux hypothèses déjà émises par ses prédécesseurs. La question qu'il s'est surtout proposé d'éclaircir est celle de l'existence du *matriarcat* chez les peuples d'origine aryenne. La connaissance du monde slave et des tribus aryennes du Caucase a été pour lui d'une grande utilité.

L'auteur s'est efforcé d'établir que les familles matriarcale, patriarcale et individuelle ne sont que les trois phases distinctes d'un même développement. Cette évolution s'est accomplie ou tend à s'accomplir chez les peuples qui n'ont de commun ni la race ni la religion. Nous aurions tort d'en éliminer celle qui nous est propre.

On sait que la thèse *matriarcale* est très contestée.

---

[1] Conférences faites à Stockholm. *Skrifter utgifna af Lorénska Stiftelsen.*

M. Brentano et l'économiste anglais Frédéric Seebohm[1] se sont prononcés contre elle. Ils déclarent absurdes les théories de ceux qui se refusent à considérer la famille patriarcale comme la plus ancienne « cellule » sociale. M. Kovalewsky démontre cependant que le matriarcat a existé parmi les tribus aryennes ; il a laissé des survivances dans leurs anciennes lois, dans leurs coutumes et usages encore en vogue. L'autorité maritale et paternelle n'a évolué que lentement au sein d'une société matriarcale. Son avènement amena l'établissement de la famille patriarcale, qui, comme l'atteste le monde slave, ne cède que lentement sa place à la famille individuelle.

C'est aussi de cette thèse que M. Kovalewsky tire sa théorie, — nous l'avons vu plus haut, — concernant le communisme agraire, la commune villageoise et les causes de leur dissolution.

La théorie agraire amène l'auteur à l'étude du régime économique actuel, notamment en Russie.

III

Dans son ouvrage : *Le régime économique de la Russie*, Kovalewsky analyse l'évolution économique qui s'accomplit de nos jours dans ce pays.

Cette évolution nous met en présence des origines

[1] *The bribal system in Wales.*

mêmes du régime capitaliste qui, depuis plus de deux cents ans, existe en Europe. Elle fait reparaître des phénomènes analogues à ceux qui se sont déroulés au xviiie siècle et dans la première moitié du xixe siècle, mais sur une étendue beaucoup plus grande et avec une force supérieure. La Russie profite de tous les progrès techniques accomplis par l'industrie occidentale ; elle ignore les tâtonnements qui ont marqué la naissance et le développement de cette dernière. Les avantages matériels et les maux qu'engendre le régime économique moderne se révèlent en Russie sans transition aucune. « Ils suscitent d'un côté les espérances les plus chimériques et de l'autre des appréhensions très fortes. »

Kovalewsky nous présente un examen serré autant que substantiel de l'état économique des campagnes russes, du sort fait à la grande industrie villageoise par le système de « protection », des conditions d'existence de l'ouvrier des fabriques, des règlements du travail, etc. C'est une synthèse de la vie économique russe. L'auteur l'étudie en sociologue, c'est-à-dire sans jamais perdre de vue l'ensemble de l'évolution sociale.

L'économie sociale russe présente un amalgame étrange du régime de consommation directe avec un capitalisme artificiel, créé à coups de tarif. Au lieu d'être naturel, ce système est ce qu'on peut imaginer de plus artificiel, car le gouvernement, qui a l'air de croire à son omnipotence, intervient en toute chose et fait prendre aux producteurs russes l'habitude d'attendre de sa part les services les plus impossibles.

La classe la plus voisine du trône importune le gouvernement de ses doléances. Elle demande, obtient et accepte, sans se préoccuper de son prestige et de son honneur, de nouveaux délais de payement pour ses emprunts à la banque de la noblesse, ainsi que la diminution du taux de l'intérêt auquel ces emprunts ont été faits.

La bourgeoisie capitaliste ne reste pas en arrière. Elle demande toujours la « revision des tarifs », afin d'obtenir une nouvelle élévation des droits d'entrée sur les marchandises étrangères.

Rachat des chemins de fer aux compagnies privées, établissement du monopole de l'alcool, créations de banques d'État hypothécaires, offres de crédit à bon compte et à long terme, spéculations tantôt sur la hausse, tantôt sur la baisse du cours du papier-monnaie, le gouvernement se charge de tout, fait tout et croit toujours réussir en tout.

Et la misère de la *vraie Russie*, c'est-à-dire du paysan russe, augmente. Il est réduit à la nécessité de se déplacer périodiquement pour chercher du travail, ou à transporter sa demeure dans les steppes et les forêts de la Sibérie. La terre est désertée, le labeur de l'ouvrier des fabriques devient de plus en plus excessif et son salaire de plus en plus insuffisant ; la ruine des petits propriétaires fonciers s'accentue : tels sont les résultats constatés par M. Kovalewsky, du régime actuel, politique et économique de la Russie.

L'auteur fait suivre son exposé de faits tirés de données officielles et de l'appréciation d'écrivains russes. Cela nous introduit dans le vif de la vie nationale et nous met au courant des grands problèmes politiques et sociaux qui passionnent la Russie contemporaine et qui préoccupent les économistes et sociologues de l'Occident.

CHAPITRE VII

E. DE ROBERTY

I

On pourrait croire, au premier abord, que M. de Roberty est positiviste, mais après un examen approfondi de ses théories, on s'aperçoit vite qu'il cherche à se séparer — il n'y arrive pas toujours — d'Auguste Comte.

Le caractère dominant du positivisme, le « trait propre » qui valut à cette doctrine tant de disciples enthousiastes, est aujourd'hui sainement apprécié même de ses adversaires. Ceux-ci admettent déjà volontiers que la philosophie positive pose des questions beaucoup plus importantes qu'on ne le croyait auparavant. Le positivisme s'affirmerait à la fois comme un monisme plus radical et comme un agnosticisme plus accentué que les conceptions philosophiques qui le précédèrent et préparèrent. M. de Roberty est plus porté vers l'agnos-

(1) *La sociologie; L'ancienne et la nouvelle philosophie; La philosophie du siècle; L'inconnaissable; La recherche de l'unité; Comte et Spencer; Le bien et le mal; Le psychisme social; L'agnosticisme; Les fondements de l'éthique; La constitution de l'éthique.* (Paris, Félix Alcan.)

ticisme, il n'admet le monisme qu'avec des réserves expresses. « Chez Comte l'erreur côtoie le plus juste sentiment critique et le pousse à envelopper dans la même proscription l'unité pure, l'unité rationnelle, ostensiblement confondue par lui avec la chimère métaphysique. » Auguste Comte est pour M. de Roberty « un vulgarisateur de génie », dans le sens le plus large et le plus élevé du terme. Il démocratisa, pour ainsi dire, la philosophie, il en fit l'apanage d'un flot montant d'intelligences humaines. « Il répandit plus abondamment que n'importe quel autre philosophe la lumière qu'un petit nombre d'initiés tenaient soigneusement cachée sous le boisseau métaphysique. » Il fut le fils légitime et respectueux du XIXe siècle. Comme *doctrine* et comme *méthode*, l'œuvre de Comte est toute de *nivellement*. Comte n'a aucun souci d'approfondir les trois grandes thèses de sa philosophie. Il développe la surface occupée par les problèmes de l'agnosticisme, du monisme et de l'évolutionnisme, il évite les questions préalables, il est ennemi de la subtilité qu'il considère comme la vraie tare métaphysique. Au point de vue utilitaire, M. de Roberty lui donne raison, « mille fois raison », puisqu'il échappe au « verbiage oiseux ». Cependant, théoriquement, sa position ne lui semble pas aussi bonne. Car les sciences supérieures ne restent pas stationnaires, leurs acquêts ne sont pas tous dus à l'observation pure et simple ; l'élément rationnel y entre pour une part qui va en augmentant. L'hypothèse, l'abstraction et la généralisation y jouent un rôle de plus en plus considérable.

En résumé, M. de Roberty estime que par le positivisme « une philosophie sérieuse » fut mise pour la première fois à la portée d'une grande majorité d'esprits.

M. de Roberty a soin de nous rappeler que « le sociologisme » de Comte n'est pas une nouveauté, il lui apparaît plutôt comme l'écho, répercuté d'âge en âge, de la théorie aristotélienne du « cosmos organique », elle-même fille légitime de l'anthropomorphisme téléologique. Quant aux théories « organique » et « mécanique » de l'univers, M. de Roberty trouve que les deux possèdent « une valeur conventionnelle ». La causalité organique est infiniment plus complexe que la causalité mécanique. Ce n'est pas là un motif rationnel pour voir en elle le type primordial de la causalité. La causalité philosophique, la causalité générale ou universelle, ne saurait être ni mécanique ni organique. Dans le premier cas, le penseur trébuche dans les contradictions du matérialisme ; dans le second, il devient la victime de l'illusion. Auguste Comte n'évita ni l'un ni l'autre de ces pièges.

Tout en reconnaissant l'extrême importance de la finalité dans les phénomènes sociologiques, M. de Roberty rapproche la finalité de la causalité. Loin d'exclure la causalité, loin d'en être l'antithèse, ni même une sorte de déviation fondamentale, la finalité est un simple développement, une phase supérieure, une transformation naturelle et nécessaire du processus mental qui consiste à lier les phénomènes épars, les apparences diverses, par le double nœud du rapport de la cause à l'effet et de l'effet à la cause ; à les lier et à les maintenir dans cet état de proche union, « seul moyen, pour la raison humaine, de maîtriser, de dominer le chaos des événements qui se déroulent sous ses yeux ». Cette théorie conduit M. de Roberty à ne trouver la finalité que dans le domaine super-organique.

II

Suivant M. de Roberty, on doit chercher les bases premières de la sociologie, « la science du monde *suror-* *ganique* », dans cette masse confuse de phénomènes que la pratique des siècles et le savoir intuitif des générations antécédentes s'essayèrent à grouper sous le nom d'éthique.

Malgré son progrès évident, la sociologie ne saurait encore suffire à la conduite des hommes. Elle en est encore aux tâtonnements aveugles et aux fantaisies métaphysiques. La sociologie fera comme sa devancière, la biologie : elle étudiera l' « organisme » social, elle poursuivra le secret de la vie collective jusque dans les « cellules » sociales. La science est l'expression la plus haute de la *conscience* universelle. La science fait chaque jour un pas en avant qui la rapproche du but poursuivi, de l'identité finale du monde. Mais la vraie conscience sociale nous fait encore défaut. Nous ignorons les normes exactes qui gouvernent la vie collective.

La supériorité de l'ordre social sur l'ordre organique n'empêche pas, elle suppose, au contraire, leur intime et indissoluble union. Or, cette interdépendance si étroite constitue, par le fait, la grosse pierre d'achoppement de la morale envisagée comme sociologie première. La science doit pouvoir isoler l'ordre supérieur de l'ordre inférieur, pour le considérer à part.

La sociologie positive en est encore à sa période d'incubation. Il n'existe aucune limite fixe entre les disciplines biologiques et les disciplines sociales, toujours disposées à empiéter les unes sur les autres, à aborder des problèmes où leur incompétence n'est que trop manifeste ; et cette confusion retarde le développement du groupe des sciences sociales.

La sociologie descriptive doit confondre ses limites avec celles qu'on assigne d'habitude à la psychologie distinguée de la psycho-physique (laquelle rentre dans le domaine de la biologie).

Quant à la sociologie abstraite, elle s'identifiera, de plus en plus, avec l'éthique et la philosophie du droit. Elle sera, comme toutes les autres sciences fondamentales, essentiellement inductive.

M. de Roberty ne sépare jamais la sociologie de la

morale. La science de la vie et la science des sociétés épuisent à elles seules le domaine entier des faits de conscience. Elles prennent, par suite, possession des deux vastes empires de la santé et de la moralité. Les autres sciences demeurent rigoureusement exclues du partage. Elles n'ont rien à faire avec les concepts du bien et du mal. La conscience de la vie (le sens vital) et la conscience de la « sociabilité » (le sens moral) se complètent et constituent la véritable conscience de l'univers.

M. de Roberty assimile toujours le « moral » au « social ». Le bien et le mal sont les deux pôles de la conscience collective. Le vieux dualisme qui voit un abîme insondable entre les principes éternellement ennemis de l'amour et de la haine, de l'altruisme et de l'égoïsme, a visiblement fait son temps. Cette conception stérile cède sa place à des vues autrement larges et riches en germes féconds.

Le phénomène de différenciation idéologique qui s'exprime par ces mots : le bien, le mal, et cet autre phénomène, d'essence également surorganique, la transmutation constante du bien en mal et du mal en bien, voilà le point de départ de la morale et, par suite, de la sociologie.

La socialité ou, si l'on aime mieux, le « sens moral » apparaît comme le moyen terme qui relie la plus haute phénoménalité vitale à la phénoménalité rationnelle.

Psycho-physicisme isolé, bloqué par un ensemble d'organes constituant l'individu biologique ; puis, psycho-physicisme sorti de ces limites, agissant sur des centres d'idéation pareils à lui-même et subissant, à son tour, leur influence, remplaçant l'unité de début par la multiplicité qui en dérive, représentant une *collectivité psycho-physique;* enfin, psycho-physicisme modifié et façonné par l'incessante action de l'individu et de la collectivité, par la rencontre de ces deux courants : voilà, suivant M. de Roberty, les termes dont la succession constitue la série évolutive qui va de la vie à l'esprit, ou qui embrasse à la fois la vie et l'esprit.

Le phénomène collectif ou moral surgit partout où il y a pénétration mutuelle, communion psychique.

M. de Roberty divise la science sociale descriptive — l'unité de la science abstraite étant hors de cause — en deux parties distinctes : « la sociologie ou la morale animale, et la sociologie ou la morale humaine ». Toutes deux contribuent par leurs données et leurs expériences au développement de la sociologie générale. Mais, sauf en ce qui concerne la théorie pure, l'apport de la première reste, à tous les points de vue, inférieur à celui de la seconde.

CHAPITRE VIII

MICHAÏLOVSKY[1]

M. N. Michaïlovsky appartient à cette admirable pléiade de penseurs russes des « années soixante » auxquels la Russie intellectuelle doit le meilleur de son âme. Fils de cette époque glorieuse, Michaïlovsky lui demeura et demeure toujours fidèle. Nous n'admettons pas toutes ses idées — notamment celles concernant la philosophie de Tolstoï, — mais nous sommes de ceux qui le considèrent comme l'un des plus nobles sociologues et moralistes russes du temps présent. Sa parole est toujours franche, désintéressée, libre (autant que cela est possible en Russie), exempte de tout compromis, de toute servilité, toujours inspirée de l'idéalisme le plus pur. Michaïlovsky est avant tout publiciste, mais il ne sort jamais du terrain scientifique. Le *criticisme* est l'élément principal de son domaine. Michaïlovsky est ennemi de Herbert Spencer.

Ainsi dans un examen des idées de ce dernier[2],

---

(1) *Sotschinenia* (Œuvres), Saint-Pétersbourg, 1896-1897.
(2) *Qu'est-ce que le progrès ?*

Michaïlovsky cherche à démontrer que toute l'argumentation du sociologue anglais ne supporte pas la moindre analyse, et qu'il ne peut même pas être question d'en apprécier les principes théoriques, puisque leurs appuis logiques tombent d'eux-mêmes. Il considère Spencer comme un esprit d'une très grande envergure, comme l'un de ces esprits synthétiques qui apparaissent de temps à autre pour donner l'unité et la vie aux faits séparés et accumulés par plusieurs générations de savants. C'est à peine, en effet, si l'on peut trouver une partie du champ scientifique que Spencer ait négligée ou qu'il n'ait plus ou moins frôlée en passant. Les problèmes relatifs aux domaines de la religion et de la science, les questions physiologiques, économiques, pédagogiques, psychologiques, politiques provoquent d'une manière ou d'une autre, ses critiques, ses réponses que Michaïlovsky ne trouve pas toujours « heureuses ». En tout et partout elles se distinguent par leur caractère synthétique, généralisateur. Il n'accuse pas Spencer de négligence, il l'estime « puissant, prudent et désintéressé, » mais les erreurs qu'il relève chez lui paraissent au critique russe « grossières. » Spencer ne défend pas des principes faux, il ne commet pas des erreurs fortuites de calcul, il ne dénature pas dans une mauvaise intention l'objet de ses analyses; au contraire, ce que l'on constate chez lui, ce sont des erreurs logiques, ce sont des syllogismes très mal construits.

M. Michaïlovsky combat surtout la théorie sociologique de Spencer qu'il compare à « un grand château de cartes ». L'analogie de l'organisme physiologique et de l'organisme social, du développement organique et du progrès social ne lui semble pas démontrée[1]. La théorie organique de la société lui semble fragile. « L'œuvre paraît être celle d'un maître. Mais si vous regardez de plus près cet édifice, orné de toutes sortes d'enjolivements, édifice si bien proportionné et si grandiose, vous vous apercevrez que, par rapport aux questions sociologiques qui nous intéressent, il faut y faire nécessairement bien des réparations. Celles-ci sont à un tel point essentielles, qu'elles laisseront apparaître l'insignifiance du côté déductif de l'examen, le caractère incomplet du processus inductif, et, par suite, la nature erronée des résultats. »

Somme toute, le travail de M. Michaïlovsky est un exposé des théories de Spencer, théories que l'auteur n'admet guère. Cet ouvrage a fait connaître Spencer en Russie, mais il est très inégal dans l'exposition et presque inachevé. C'est à la dernière page (206) du livre que nous trouvons la réponse définitive de l'auteur à *Qu'est-ce que le progrès?*

D'abord : peut-on réduire au même dénominateur ces deux modes de la division du travail : la division du

---

(1) Voir notre *Philosophie de Tolstoï*, p. 109-158.

travail entre les individus et la division du travail entre les organes, comme le croient Spencer et ses disciples? Sont-ce, au contraire, deux phénomènes qui s'excluent mutuellement et qui se combattent nécessairement et éternellement? M. Michaïlovsky est pour la dernière solution et nous croyons que la vérité est de son côté[1].

Donc, à la question : *Qu'est-ce que le progrès ?* M. Michaïlovsky répond : Le progrès consiste dans l'intégralité approximative et graduelle des individus et dans la division du travail la plus complète et la plus variée. Tout ce qui en contrarie le développement est immoral, injuste, déraisonnable et nuisible; au contraire, tout ce qui diminue l'hétérogénéité de la société en renforçant par cela même l'hétérogénéité de ses membres est moral, juste, raisonnable et utile.

On reproche souvent à M. Michaïlovsky son « subjectivisme excessif[2] », mais, comme le remarque justement Michaïlovsky lui-même, les Russes ne sont pas encore arrivés à pouvoir envisager les phénomènes de la vie sociale d'une manière objective. Le point de vue subjectif perce dans chaque ligne de tous les auteurs russes, économistes, sociologues, critiques littéraires. Le Russe ne peut pas agiter des idées avec calme et impassibilité, il n'est pas encore arrivé à traiter des questions sociales

---

(1) Voir notre *Philosophie de Tolstoï*, p. 125.

(2) V. Nikolaï Berdiaev, *Le subjectivisme et l'objectivisme dans la philosophie sociale* (Étude critique sur N.-K Michaïlovsky), avec une préface de Pierre Strouvé. Saint-Pétersbourg, 1901.

et politiques avec la même impartialité que, par exemple, d'une hypothèse nébulaire ou des phases du développement d'une hydre.

On a beau parler en ce moment en Russie de « la méthode objective dans la sociologie », le subjectivisme perce malgré tout chez tous, peut-être surtout chez les partisans les plus convaincus de l'objectivisme.

Il y a subjectivisme et subjectivisme : celui de Michaïlovsky est large et vaste, exempt de toute étroitesse d'esprit, plein de foi dans « la vérité objective », plein d'idéalisme social.

CHAPITRE IX

NOVIKOW[1]

I

M. J. Novikow est partisan de la théorie organique de la société. Il cherche à faire ressortir d'une doctrine biologique de la société une psychologie physiologique de la volonté et de la conscience sociales. La force des arguments de M. Novikow, comme celle de toute l'école organique, réside uniquement dans la faiblesse des arguments des adversaires de cette théorie. Les sociétés ne sont pas des organismes? Que sont-elles donc? Vous l'ignorez? — Donc, la théorie organique de la société est la seule positive, rationnelle, véridique. « La sociologie ne pourra se constituer en science exacte que si sa généralisation cesse d'être une affaire d'appréciation personnelle. Elle se constituera quand elle aura une généralisation rationnelle. Or, l'école ethnographique n'en donne aucune. Donc, cette école n'a pas d'avenir. Tôt ou tard, elle sera entièrement désertée. Tous les sociologues se rallieront à l'école organique. Alors seule-

---

[1] *Les luttes entre sociétés humaines; Les gaspillages des sociétés; L'avenir de la race blanche; Conscience et Volonté sociales* (Paris, F. Alcan).

ment la science sociale sera établie sur une base inébranlable. Tant qu'on n'admet pas la théorie organique, les sociétés semblent planer au-dessus de la nature. La porte est ouverte à l'arbitraire, à la fantaisie et à l'empirisme[1]. » Vous voyez que l'analogie entre l'organisme biologique et social est incontestable.

Il faut, cependant, convenir que M. Novikow défend « l'organicisme » avec une rare habileté et un savoir très nourri.

L'auteur croit qu'on peut admettre le déterminisme psychologique, mais non le déterminisme social. Les actions des hommes sont toujours conformes à ce qui leur paraît être leur intérêt. Or, ce que l'on considère comme son intérêt provient des idées et des connaissances que l'on a. Le déterminisme ne dépasse pas le domaine de la psychologie. « La liberté sociale est entière[2]. » Sans doute, les facteurs naturels ont une certaine action sur les idées humaines, « mais on a, bien souvent, par trop exagéré cette action ». Les obstacles aux réformes sociales viennent des cerveaux humains, non de la nature extérieure.

Il y a une grave contradiction entre la théorie organique de la société et « la liberté sociale est entière ». Si la liberté sociale est entière, — et nous sommes absolument de cet avis, — on peut et on doit admettre que

(1) *Conscience et volonté sociales*, p. 9.
(2) *Ibid.*, p. 355.

tel membre de la société accomplissant hier dans l'organisme social une fonction considérée comme « inférieure » peut arriver, grâce à son travail, à son intelligence, à son « cerveau », à « l'entière liberté sociale », à accomplir demain, dans le même organisme social, une fonction « supérieure ». Tandis que dans l'organisme biologique, une *jambe* ne peut jamais devenir un *cerveau*.

Cette contradiction « purement empirique » n'effraye guère les défenseurs de « l'organicisme ». Oui, la liberté sociale est entière, mais... Je suis né millionnaire, donc ma fonction est d'être millionnaire ; cette fonction *sociale* correspond à merveille à mes aspirations naturelles, organiques : je la garde. La fonction sociale du mineur est... d'être mineur : *il faut* qu'il la garde.

Donc, l'extrême importance de la théorie organique est démontrée. Elle seule pourra tirer la science sociale des ornières de l'empirisme et la placer dans une voie féconde.

Huxley et beaucoup d'autres prétendent qu'à l'égoïsme, loi de la nature, il faut substituer l'altruisme, loi de la conscience... que nous avons pour devoir primordial de mettre notre intelligence et notre énergie au service de nos semblables. « D'où vient ce devoir ? » demande M. Novikow, et avec lui les disciples de « l'organicisme ». Toute la question est là. Huxley ne la résout pas. Il ne peut pas combler l'abîme existant entre la froide cruauté de la nature et la bienveillance que doivent se témoigner les hommes. Il ne trouve pas le joint. S'il avait songé à la théorie organique, il l'aurait découvert aussitôt. Il y a des milliards et des milliards de collectivités sur la terre, où la solidarité est parfaite entre les unités constituantes : ce sont les corps biologiques. *Quand deux amibes se rencontrent par hasard, si leur substance est très différente, l'une peut manger l'autre*[1]. Alors, *homo homini lupus?* — Mais non, « la théorie organique est bienfaisante, elle nous montre le droit chemin à suivre dans les rapports internationaux »[2] (?!).

L'auteur désire avec ardeur la formation d'une fédération européenne. L'idée est belle.

II

M. Novikow a aussi des idées assez originales sur la question sociale. Il n'est pas indifférent au grand mouvement social du temps présent, il voit bien que les masses commencent à comprendre leurs intérêts et à exiger qu'ils soient pris en considération, il croit même que « quelques années encore et, non seulement les masses ne voudront plus obéir, elles voudront comman-

(1) *Conscience et volonté sociales*, p. 358.
(2) *Ibid.*

der ». Les socialistes disent que la répartition des bénéfices du travail n'est pas équitable. Les capitalistes prennent la part du lion. Les ouvriers demandent la justice et soutiennent qu'elle recevra sa consécration complète, le jour où tous les hommes jouiront d'un bien-être égal.

M. Novikow ne le croit pas. Nous sommes pauvres, parce que nous ne sommes pas assez riches. Ce n'est pas là un paradoxe. « Nous sommes pauvres non seulement parce que nos fortunes sont inégales, mais surtout parce que la somme générale de la richesse est encore trop faible sur notre globe. Si l'on avait cent milliards de francs à disposer en parts semblables en faveur d'un million d'hommes, cela ferait cent mille francs par tête, c'est-à-dire l'aisance. Mais s'il y a un milliard, cela fait mille francs par tête, c'est-à-dire la misère [2]. »

On le voit, la revendication des socialistes n'est pas juste. L'égalité ne peut pas assurer le bien-être. « Avant tout, il faut augmenter la richesse [3]. »

Pourquoi sommes-nous si pauvres ? M. Novikow n'hésite pas à répondre : parce que nous produisons peu et parce que nous gaspillons trop. M. Novikow ne nous dit pas s'il faut augmenter le nombre d'heures de

(1) *Gaspillages des sociétés modernes*, p. VI.
(2) *Ibid.*, p. VIII.
(3) *Ibid.*, p. IX.

labeur des travailleurs ou s'il faut diminuer la durée de l'oisiveté des riches dont la « fonction sociale » consiste, on le sait déjà, à ne rien faire. M. Novikow ne nous dit pas davantage s'il faut diminuer le salaire de ceux qui peinent ou les revenus de ceux qui s'amusent. Avec un sang-froid vraiment remarquable il nous déclare que la richesse est toujours en raison directe de l'intelligence ; la misère, en raison directe de la myopie mentale. C'est une affirmation qui en vaut bien une autre, même beaucoup plus qu'une autre puisque M. Novikow nous indique « les moyens qui lui paraissent efficaces pour diminuer notre misère [1] ».

D'abord, qu'est-ce que la richesse? Après avoir démontré scientifiquement que « notre corps est constitué de telle façon qu'à une température de 22 degrés au-dessus de zéro, nous n'éprouvons aucune sensation de malaise [2] », M. Novikow déclare que « la richesse, dans le sens le plus général, est tout état de la nature extérieure adapté à l'organisation de l'homme [3] ». Ce n'est pas très clair, mais, suivant l'auteur, très scientifique. L'univers est un ensemble d'atomes en nombre infini, etc. L'homme, comme toute créature vivante, cherche le plaisir et fuit la douleur, etc. L'auteur nous apprend que « l'homme, qui n'a rien, est appelé pauvre; celui

---

(1) *Gaspillages des sociétés modernes*, p. x.
(2) *Ibid.*, p. 3.
(3) *Ibid.*, p. 3.

qui possède beaucoup, riche » (p. 103), que « dans la vie privée le luxe procure de la jouissance ; qu'avoir des amis luxueusement installés donnant de bons dîners et de jolies fêtes, est un immense avantage » (p. 105), etc. : une longue suite de considérations subtiles nous indiquent que M. Novikow est contre les grèves (et « l'entière liberté sociale ? ») et contre le protectionnisme, mais c'est en vain que nous chercherions « les moyens efficaces pour diminuer notre misère ». Si, ce remède nous est donné à la page 235 de *Gaspillages des sociétés modernes* : « l'unique moyen vraiment souverain est la fédération du groupe européen », lire : l'union des capitalistes. Car M. Novikow n'est pas très tendre pour les gouvernements politiques actuels, il éprouve même, par moments, des sympathies touchantes pour une des deux parties du programme socialiste : la partie politique. « Elle est digne de tous les éloges. Aussi triomphera-t-elle infailliblement. Par l'internationalisme, les socialistes sapent tous les jours l'idole sanglante des kilomètres carrés ; ils démolissent ce funeste esprit de conquête, source de nos plus grandes souffrances. Les congrès socialistes, déjà périodiques, sont comme un embryon de parlement européen [1]. »

Quant à la partie économique du programme socialiste, M. Novikow trouve qu'elle est contraire aux lois

---

[1] *Gaspillages des sociétés humaines*, p. 278.

de la nature (vous connaissez ces lois : théorie *organique* de la société), donc irréalisable ; elle échouera piteusement. « Les socialistes seraient bien sages s'ils voulaient se contenter de travailler à la réalisation de leur seul programme politique[1]. » Les questions du capital, du travail, de la richesse, de la misère ne les regardent pas.

Nous avons déjà dit que, suivant M. Novikow, la fédération du groupe européen est le seul moyen de diminuer notre misère. L'auteur a soin de nous prévenir (c'était tout à fait inutile) que « cette fédération ne portera aucune atteinte aux intérêts des classes supérieures. Au contraire, elle augmentera leur richesse dans une mesure immense. Les propriétaires terriens en profiteront surtout. Leurs domaines acquerront une plus-value très forte[2] ». Donc, de ce côté rien d'inquiétant. Quant aux ouvriers, aux travailleurs dont le sort préoccupe paternellement M. Novikow, « ils ont tort de penser que leurs souffrances proviennent de la dureté et de la scélératesse des capitalistes. La bonté n'a rien à voir dans les grandes questions économiques ». Le prétendu antagonisme entre le capital et le travail est une des phrases à effet dont les socialistes usent le plus en ce moment. Il ira rejoindre un jour, M. Novikow en paraît convaincu, au pays des vieilles lunes, la fameuse

(1) *Gaspillages des sociétés modernes*, p. 270.
(2) *Ibid*, p. 300.

loi d'airain dont on a fait tant de bruit depuis Lassalle. L'antagonisme entre le capital et le travail est un pur fantôme sans aucune réalité. Au contraire, s'il est au monde deux choses solidaires, ce sont bien le capital et le travail : le travail existe pour le capital. Rien de plus naturel. M. Novikow, très subtil, pose lui-même des arguments pour mieux utiliser ses réponses, fines et savantes. On dit : le capital du riche est mal acquis ; il l'est généralement par la violence ; mais alors, répond M. Novikow, il faut s'en prendre au brigandage et non au capital. Qu'est-ce que le capital ? « Des fonds dans une caisse ! Si celui qui les possède ne trouve pas à les placer, c'est-à-dire s'il ne trouve pas d'individus qui les fassent valoir par le travail, à quoi peuvent-ils lui servir ? » La masse a tort de s'occuper du capital. Ce n'est pas là l'affaire des classes inférieures. L'antagonisme entre le travail et le capital est une funeste aberration de l'esprit humain.

Que les masses « inférieures » travaillent, que les classes supérieures, c'est-à-dire capitalistes, préparent leur fédération, et tout ira bien.

III

On le voit, M. Novikow est un économiste très habile. La question sociale n'existe presque pas pour lui. Les masses ont tort de s'agiter. « Chaque homme, même s'il jouit de la plus brillante santé, sait qu'il peut mourir dans la journée, ou peut-être le lendemain, mais dans tous les cas, qu'il mourra au plus tard au bout de quelques années[1]. » Y pense-t-il pourtant toujours? Non, il n'y pense pas : il vit. L'homme qui penserait constamment à la mort deviendrait fou. Pourquoi donc les mécontents pensent-ils toujours à leur misère? Ce n'est pas rationnel. Il ne faut pas être pessimiste. M. Novikow n'aime pas les pessimistes. Le pessimisme n'est pas justifié par la science, c'est une plante très vénéneuse, il contribue à diminuer les jouissances de chaque vie individuelle, il nous plonge dans la désolation et les ténèbres. Ce pessimisme provient en partie de l'abîme existant aujourd'hui entre notre idéal et la réalité. Or, si cet abîme est grand, c'est, suivant M. Novikow[2], parce que notre idéal est devenu plus élevé, non parce que la réalité est devenue plus triste. M. Novikow est convaincu que la réalité n'est pas triste, au contraire. Pour être heureux, il suffit de rabaisser l'idéal.

(1) *L'avenir de la race blanche*, p. 179.
(2) *Ibid.*, p. 182.

CHAPITRE X

TSCHITSCHERINE

L'ouvrage de M. Tschitscherine *La philosophie du droit*[1] est du domaine de la *morale sociale* et par conséquent de la sociologie. L'auteur analyse les droits de l'individu et ceux de la société, il étudie la philosophie de la propriété, du contrat social, de la « violation » du droit.

I. La propriété est la première manifestation de la liberté individuelle. L'homme, par sa volonté, subordonne la nature physique. L'humanité ne peut pas être

---

(1) *Filosofia prava*, Moscou, 1899.

Autres travaux de M. Tschitscherine : *La religion et la science* (1879) et *La Sociologie* (1896). Parmi les dernières études de cet auteur nous devons signaler :

1° *La réalité et la conscience.* — L'homme considère comme réels les objets qui se représentent à ses sentiments extérieurs. Toute sa vie est basée sur la certitude de la réalité du monde extérieur. La science même finit par l'affirmer. Le doute sur la réalité des choses extérieures surgit cependant dans la conscience immédiate. Pour se l'expliquer, il faut se mettre *au-dessus* du réel, il faut passer du réel au surnaturel.

2° *L'espace et le temps.* — Le temps est un principe absolu, subjectif et objectif à la fois. Le temps est l'attribut de la Raison. L'auteur distingue dans l'Être quatre principes : la Force, l'Esprit, la Raison, l'Univers. Il relie ces quatre principes aux quatre causes d'Aristote : la cause matérielle, la cause formelle, la cause efficiente et la cause finale.

considérée comme unité juridique et elle ne peut pas avoir des droits à la propriété. L'expression « cela appartient à l'humanité » est une absurdité. Anti-socialiste, l'auteur attribue une grande importance à la propriété industrielle, il croit, à tort selon nous, que « la manifestation de la propriété est aussi la manifestation du droit ». *Beati possidentes !* — II. Le *contrat* est le phénomène créé par les devoirs réciproques des individus. *Est autem pactio duorum pluriumve in idem placitum consensus.* Comme personnalité libre et variable, l'homme se départ souvent de son devoir, d'où : III. *La violation du droit.* Dans ce chapitre l'auteur se montre partisan de la peine de mort. Nous sommes en contradiction avec M. Tschitscherine.

La peine de mort doit être envisagée comme le point noir d'un code pénal barbare[1]. La conscience humaine n'admet plus la théorie de la vengeance, elle considère la peine de mort comme un mal social et comme un acte immoral. L'utilitarisme défend la peine de mort comme une mesure efficace contre les criminels les plus dangereux ; les champions du supplice prétendent que la peine de mort empêche la perpétration du crime, mais alors, le nombre des crimes devrait proportionnellement diminuer ? Les statistiques, même officielles, prouvent le contraire. Tout crime est la conséquence

---

(1) Voir l'opinion de Soloviov sur la peine de mort, page 24 de cet ouvrage.

naturelle de l'organisation sociale actuelle. Changez les conditions de la vie humaine et vous diminuerez le nombre de crimes.

M. Tschitscherine traite ensuite de la morale, de la conscience, de la vertu, de l'idéal. L'auteur admet qu'il y a une morale en dehors de la religion, que le sentiment moral est l'un des éléments de la nature humaine, que la conscience intérieure de l'homme est le juge suprême de ses actes moraux ou immoraux. Mais la conscience, comme le plaisir, est subjective et muable; les uns, grâce à leur conscience, luttent avec le mal; les autres, au contraire, s'y abandonnent. L'homme peut avoir conscience du bien et suivre ses inclinations animales qui l'attirent du côté opposé : *video meliora proboque, deteriora sequor*. Les vrais guides de nos actes sont la raison et la volonté. La volonté devient vertu quand elle n'est pas en contradiction avec les sentiments moraux. L'âme humaine aspire en même temps au bonheur personnel et à l'abnégation. L'idéal, c'est d'établir un lien harmonieux entre ces deux points opposés. C'est cette harmonie qui fait naître le respect de la personnalité humaine. Le courage est la vertu de la volonté; la sagesse est la vertu de la raison; la modération est la vertu de nos désirs; enfin, la vérité réunissant toutes ces vertus, fait naître l'amour. L'amour, c'est la lumière qui éclaire le monde moral de l'homme, inaccessible à aucune force extérieure. L'idéal de l'homme, c'est la perfection de la vie, l'idéal moral doit être un pour tous, il dépend de la liberté intérieure de l'homme. Malgré sa faiblesse, l'homme peut atteindre, par sa force intérieure, une certaine hauteur morale.

La partie la plus curieuse du travail de M. Tschitscherine est consacrée aux *Unions humaines :* la famille, la société, l'Église, l'État, les relations internationales. I. Le droit familial représente la transition du droit individuel au droit social. Le famille est une union où le *tout* ne forme pas une organisation indépendante; il n'existe que pour et par ses membres. La diversité des sexes est la loi fondamentale du monde physique et du monde moral, d'où la divergence de leurs missions sociales. Leur prétendue égalité n'est qu'une chimère. Dans l'antiquité elle fut le fruit de la sophistique, elle est aujourd'hui le produit d'un réalisme exagéré. Il ne faut pas conclure cependant que la femme doit être privée de tous droits et qu'elle doit obéir en tout à l'homme. La femme a ses droits propres, l'hommes possède les siens. L'homme se doit à la société, à l'État, la femme se doit exclusivement à la famille. La base de la famille n'est pas l'autorité, mais l'amour, et c'est à la femme que l'auteur assigne la première place dans la formation de la famille. La loi juridique est la régulatrice de la famille. Les éléments divers de la famille — l'homme et la femme — gardent leur caractère propre, mais leur but est le même : les enfants. Le devoir des parents consiste dans la préparation de leurs enfants à la vie indépendante. L'auteur arrive à la question de l'éducation. D'après lui, les principes de l'éducation sont l'autorité et l'amour. — II. La *Société civile* est composée de personnes et d'unions privées se soumettant aux mêmes lois. Il faut distinguer la *Société*, qui est une conception civique, et l'*État*, qui est une conception juridique. Ces deux notions sont souvent confondues par les juristes. En Allemagne, le mot *Gesellschaft*, la Société, se distingue du mot *Staat*, l'État. Après avoir analysé les phénomènes économiques de la société, la division du travail, etc., l'auteur conclut que la loi morale et la loi économique sont indépendantes l'une de l'autre. Il trouve également naturelle et presque nécessaire la division des classes sociales. « Les riches et les pauvres, dit-il, ont existé et existeront toujours. » Le rôle de l'État, c'est de régulariser les relations économiques des classes. La régularisation morale appartient à l'Église. — III. L'auteur croit que toutes les sociétés humaines ont besoin d'une religion. La raison humaine cherche l'absolu, sans lequel le relatif est impossible. Ce besoin embrasse non seulement la raison, mais le sentiment et la volonté de l'homme. Or, l'absolu implique l'existence d'un Être supérieur, etc. L'Église est l'union des croyants; son rôle cependant n'est pas exclusivement religieux, mais aussi social. L'Église est nécessaire non seulement pour l'accomplissement du « service divin », mais aussi pour l'ordre moral de la société, et à ce point de vue l'Église doit également être considérée comme une *corporation sociale*, mais elle ne doit, sous aucune forme, être en dépendance de la Société. Elle doit être libre et se gouverner elle-même. — IV. Tous les éléments divers de la société, les unités civiles, l'Église, tout se confond dans l'unité juridique : l'*État*. L'État est le point suprême du développement de la société humaine d'où la nécessité pour lui d'une autorité suprême. « L'autorité de l'État est une notion purement métaphysique ; ceux qui ne comprennent rien à la métaphysique, ne comprennent rien à l'État. » L'auteur cherche à démontrer la nécessité pour l'État d'une « aristocratie politique », force vivante de l'État. On ne crée pas une aristocratie politique, elle est le produit de l'histoire, la partie exécutive d'une autorité supérieure, laquelle appartient au *souverain*. Lui seul, se trouvant en dehors des partis, peut régulariser leurs relations. L'État est l'union suprême des hommes, mais il y a beaucoup d'États par la terre. Comment établir des rapports entre eux ? Généralement, ces relations s'établissent et se maintiennent par la force, par la guerre[1]. Cet ordre de choses est-il naturel ? — Oui, répond l'auteur avec une sérénité remarquable. Certes, l'Église aurait pu se charger des relations inter-

---

(1) Voir le remarquable ouvrage de M. J. de Bloch, l'un des plus actifs champions de la paix, *La guerre future*, paru en russe (1898) et traduit en français, en anglais et en allemand.

nationales, mais elle ne dispose pas de *force contrainte*, laquelle est indispensable dans les relations extérieures. Le *contrat* est aussi un moyen naturel et normal dans l'établissement des rapports internationaux, mais contrairement aux contrats individuels, une force contrainte doit planer au-dessus des contrats internationaux. La morale ne rejette pas la force contrainte, la guerre, elle l'admet au nom des principes supérieurs. M. Tschitscherine ne dit pas quels sont les « principes supérieurs » qui admettent la guerre. Son travail met en relief des observations assez justes, parfois, mais l'auteur semble ignorer, volontairement à coup sûr, le développement évolutif des sociétés humaines, en général, et l'organisation politique et sociale des sociétés démocratiques contemporaines en particulier.

Puisque nous parlons de la *philosophie du droit*, nous devons mentionner l'opuscule de M. Zalesky : *Le pouvoir et le droit*[1]. C'est une revue assez sommaire des travaux sur la philosophie du droit depuis Savigny. L'auteur se rattache à l'école de Spencer ; il cherche à démontrer qu'il y a toute une série de règles de conduite dont l'observation est absolument nécessaire à la société. *Le droit* est une *contrainte* organisée par la société et transformée par elle en un principe impératif. L'homme est porté à observer les prescriptions du droit

(1) Kazan, 1898.

par un penchant intérieur qualifié par l'auteur « sentiment du droit » et qui est identique au sentiment moral. La forme la plus parfaite du droit, *la loi*, est caractérisée par une contrainte absolue, par la grande précision et l'exactitude de ses exigences. La loi exerce, très souvent, une influence bienfaisante sur la société, une action éducatrice, elle est l'arme du progrès comme moyen d'adaptation de la société aux conditions extérieures de la vie. La loi est une règle établie par l'autorité supérieure, elle est l'expression de la volonté de l'autorité publique, quelle que soit sa forme.

Puisque « le sentiment du droit » est identique au sens moral, « inné chez l'homme et transmis par l'hérédité[1] », nous ne pouvons pas comprendre pourquoi « la société doit organiser une force supérieure invincible, l'autorité publique, dont la fonction est d'obliger la population à obéir aux prescriptions du droit ». A l'argument des adversaires de la théorie de la contrainte, parmi lesquels nous nous plaçons : « Si tout le monde observait les prescriptions du droit, il n'y aurait lieu de forcer personne, en rien », l'auteur répond d'une manière beaucoup trop affirmative, sans critique et sans discussion : « Nous n'inventons pas d'utopies ; nous nous tenons à la réalité ; donc, la contrainte est l'élément essentiel du droit. »

---

(1) L'hypothèse de l'hérédité, surtout au point de vue intellectuel et moral, n'est pas encore démontrée.

Dans son développement historique, la loi est précédée par une autre forme moins parfaite : le droit coutumier. Le droit coutumier doit être considéré comme degré de transition entre la morale et le droit proprement dit : la loi. Les quatre impératifs : — mode, mœurs et coutumes, morale, droit, surtout les deux derniers — imposent certaines limites à l'activité individuelle. La société doit mener une lutte énergique contre les infractions aux prescriptions du droit. Ces infractions sont des crimes.

L'application des châtiments pour les crimes n'est qu'une forme d'équilibre social ; la punition a pour but de corriger les criminels qui sont capables d'être corrigés : c'est l'équilibre direct ; l'élimination des incorrigibles : c'est l'équilibre indirect.

Ces formules catégoriques et impératives ont à peine besoin d'être réfutées. Le domaine de la morale et du droit est beaucoup plus vaste. Le droit et la morale ne peuvent pas reposer sur la contrainte, les menaces, les châtiments, mais sur la conscience individuelle et sur le sentiment de la solidarité sociale.

CHAPITRE XI

POBÉDONOSTZEFF

C'est un signe caractéristique de notre époque que les hommes d'État aiment à philosopher. Mais si les penseurs sont parfois capables d'appliquer leurs idées aux affaires de l'État, il est assez rare qu'un corps de doctrines philosophiques se dégage des « expériences » des hommes d'État. Cette réflexion ou plutôt ce paradoxe nous est venu à l'esprit après la lecture du livre de M. Pobédonostzeff : *Questions religieuses, morales et politiques*.

M. Pobédonostzeff est le procureur général du Saint-Synode russe. D'après les paroles récentes de son « auguste maître », il a rendu à la religion orthodoxe d'importants services et a déployé une activité infatigable pour élever le « niveau moral et intellectuel » du clergé, améliorer sa situation et augmenter son influence sur les habitants, tant au point de vue de la religion qu'à celui des mœurs.

Tuteur d'Alexandre III et l'un des professeurs de Nicolas II, M. Pobédonostzeff, depuis trois règnes, exerce sur la politique intérieure russe une influence énorme.

Sa puissance — depuis la mort de Katkov de triste mémoire — est égale à celle du chef de la troisième section de la chancellerie particulière du tsar. Bien que ces messieurs n'aient pas le titre de ministre, ils sont toujours et quand même du comité des ministres et de tous les comités secrets. Ils prononcent partout et toujours le dernier mot. M. Pobédonostzeff est l'un des fondateurs de la *Ligue Sainte* dont la mission est de sauvegarder la Russie de toutes les idées « dangereuses ». La puissance de cette *Ligue* est formidable, M. Pobédonostzeff en est l'âme, c'est à lui que Tolstoï doit l'honneur de son excommunication.

Les idées maîtresses de M. Pobédonostzeff sont donc très intéressantes à connaître. Son livre a été d'abord publié en russe sous le titre de *Recueil de Moscou*[1] et traduit ensuite par l'auteur en français[2]. Il renferme quinze chapitres d'où se dégagent *deux* morales. Oui, selon l'auteur, il y a deux morales, l'une pour ceux qui gouvernent, l'autre pour ceux qui sont gouvernés. La morale des premiers est le bien-être absolu ; la morale des autres, c'est le knout.

Quant aux idées, elles abondent dans le livre de M. Pobédonostzeff ; elles expriment un nihilisme farouche, puisque M. Pobédonostzeff nie tout, il est irrité contre tout : contre la démocratie, contre le jury, contre la presse,

(1) 1896.
(2) Paris, Baudry, 1897.

contre l'instruction populaire, excepté contre lui-même, il n'admet qu'une chose, la Loi, faite, bien entendu, par des hommes d'État comme lui. Il la définit même d'une manière pas trop originale, mais bien personnelle. « La loi, dit-il, doit être envisagée d'une part comme une règle, de l'autre comme un commandement, et c'est cette conception de la loi considérée comme un commandement qui lui donne son pouvoir sur nos consciences. »

M. Pobédonostzeff se plaint que les anciennes idées sur la loi, jadis clairement établies, se soient obscurcies et embrouillées de nos jours. « Nous voulons tout mesurer, tout peser, tout définir par des formules imparfaites et souvent trompeuses ! » Le mécontentement général vient de là, car M. Pobédonostzeff veut bien convenir que tout le monde est mécontent aujourd'hui. « C'est le mensonge politique qui est la cause de cette irritation. » Ce qui est fondé sur le mensonge ne peut être juste. Une institution fondée sur un principe faux ne peut être que trompeuse. C'est là une vérité dont la preuve est écrite dans l'histoire des siècles et des générations. Pour M. Pobédonostzeff, l'un des principes politiques les plus faux est celui de la Souveraineté du peuple, « l'idée malheureusement répandue depuis la Révolution française, que tout pouvoir vient du peuple et a sa source dans la volonté nationale ». Le *grand homme d'État* est persuadé que c'est la base de la théorie parlementaire qui continue à égarer la foule des gens soi-disant intellectuels « et qui, par malheur, a pénétré dans les têtes folles de quelques Russes ». L'idée que les théories « dangereuses » peuvent germer dans les têtes de « quelques » Russes fait gémir le patriotisme de M. Pobédonostzeff. La théorie parlementaire est absurde, il n'y a que l'absolutisme qui peut sauver le monde. L'absolutisme est la seule institution pratique, « c'est une école où la génération des jeunes fonctionnaires peut apprendre sous la direction des anciens l'art de gouverner, c'est-à-dire d'obéir aux chefs et d'exécuter leurs ordres ». Jetons un regard autour de nous : l'horizon se ferme, la vue est obstruée, il n'y a plus d'élan, plus de marche en avant, ce sont les Tolstoï qui élèvent la génération nouvelle ! Et tout cela parce que les *têtes folles* cherchent à affaiblir la force morale de l'absolutisme, cultivent des ambitions monstrueuses, des rêves absurdes de fraternité, d'égalité : imagination et folie !

Pobédonostzeff cherche à unifier la loi et l'absolutisme, la foi et l'œuvre, car « la foi sans œuvres est chose morte », remarque justement l'éducateur des tsars. La foi contraire aux œuvres offense l'homme par la conscience du mensonge contenu dans cette contradiction. Montre-moi *ta foi* par *tes œuvres !* Cette injonction terrible fait sourire M. Pobédonostzeff, car il n'y a aucune contradiction entre *sa foi* orthodoxe et *ses œuvres.* C'est grâce à lui qu'on poursuit les Juifs, les Polonais, les Finlandais, les sectaires, les conspirateurs; c'est encore lui qui fait envoyer amicalement en Sibérie « les têtes folles », pour méditer, dans la solitude des mines, sur les devoirs d'un bon sujet. Non, il n'y a pas de contradiction chez le tout-puissant Pobédonostzeff, il a parfaitement le droit de dire : « Viens à nous, et tu verras notre religion, tu connaîtras nos sentiments et peut-être apprendras-tu à nous aimer. Quant à nos œuvres, tu les verras toi-même telles qu'elles sont[1]. »

M. Pobédonostzeff blâme sévèrement ceux qui ne veulent pas comprendre la force et la grandeur de l'orthodoxie russe dont il est le digne chef. Nous sommes très portés, par notre nature, à nous laisser séduire par la beauté de la forme, par l'organisation, par les traits extérieurs de toute œuvre. De là notre soif d'imitation, notre passion de transplanter sur notre territoire les institutions qui nous séduisent dans les autres pays. Mais nous oublions ou nous nous souvenons mal que chacune de ces institutions est le produit de conditions historiques et n'est qu'une déduction logique de tout le passé. M. Pobédonostzeff estime que personne ne peut rien changer à l'histoire d'un peuple et que cette histoire avec tous ses phénomènes, ses mœurs sociales telles qu'elles se sont établies, est le produit de l'esprit de la nation. « L'Église russe a été de tout temps et est restée

(1) Ouvrage cité, édition française, p. 252.

jusqu'à présent l'Église du peuple tout entier. C'est la foi qui a toujours soutenu le peuple russe, et si quelque chose peut le soutenir, le fortifier dans l'avenir, c'est la foi orthodoxe et rien que la foi orthodoxe. » M. Pobédonostzeff fait peu de cas des sectes religieuses qui augmentent de plus en plus en Russie. Sans doute M. Pobédonostzeff les fait poursuivre et cherche à les détruire, par tous les moyens, mais il sait mieux que nul autre que la floraison des sectes religieuses n'a jamais été si grande que de nos jours, que l'Église orthodoxe est rongée de tous les côtés. On a beau monopoliser la vente de l'alcool pour mieux enivrer le peuple, il déserte de plus en plus l'Église. Mais nous n'avons aucune envie de discuter avec M. Pobédonostzeff lequel est convaincu que « la force de son pouvoir est illimitée et qu'il n'est pas de pouvoir qui ne vienne de Dieu [1] ». D'ailleurs, il n'aime ni les discussions ni les choses abstraites, il n'affectionne que la « vie réelle ».

La vie réelle n'est ni une science, ni une philosophie ; elle existe par elle-même comme un organisme vivant. Ni la science, ni la philosophie ne dominent la vie ; elles puisent au contraire leurs éléments dans la vie réelle en recueillant, en analysant et en généralisant les phénomènes de la vie ; mais il ne faudrait pas croire

---

(1) Ouv. cité, p. 230.

qu'elles puissent embrasser toutes les innombrables manifestations de la vie, épuiser son infinie variété, encore moins lui créer un objet ou des formes nouvelles. Appliquées à la vie réelle, les propositions de la science et de la philosophie ne sont que des hypothèses. Il suffit de considérer que la science et la philosophie fournissent fort peu de thèses infaillibles : presque toutes sont sujettes à caution et sont l'objet de discussions entre différentes écoles. L'école de Rousseau montra à l'humanité l'homme de la nature sous son aspect couleur de rose et proclama le règne du bonheur général selon la nature ; elle révéla les mystères de la vie sociale et politique et en déduisit le *contrat social*, « pacte imaginaire », entre le peuple et le gouvernement. Alors s'élabora le fameux programme du bonheur des nations. Mais les masses ne sont pas capables de faire de la philosophie. Elles envisagent la liberté, l'égalité et la fraternité comme leur droit, comme une situation qui leur a été octroyée. Comment subir après cela, comment accepter tout ce qui fait la détresse d'une existence misérable, la pauvreté, une condition inférieure, les privations, l'obéissance ! Endurer de telles misères ne semble pas possible aux foules ! Elles murmurent, s'indignent, protestent, renversent les institutions et les gouvernements qui n'ont pas réalisé les espérances qu'ils ont fait naître, en un mot, les foules agissent. Et il ne faut pas, s'écrie M. Pobédonostzeff, qu'elles agissent, il existe pour cela un gouvernement, et non pas le gouvernement que le peuple s'est librement donné, mais celui qui a su imposer sa volonté au peuple. Il doit déjà être bien heureux, le peuple, lorsque ceux qui le gouvernent lui font la charité, et « qu'y a-t-il, demande l'auteur, de plus lumineux, de plus précieux, de plus fécond dans l'âme que le sentiment de charité ? »

Toute la vie de l'homme n'est que la recherche du bonheur. Une soif de félicité s'empare de lui depuis le moment où il se sent vivre et reste inassouvie jusqu'à son dernier soupir. L'espoir du bonheur est infini ; il ne connaît ni limites ni mesure ; comme l'univers il est sans bornes et n'a pas de but final, parce que son origine et sa fin sont dans l'infini. Le bonheur est impossible, car il est infini. S'il est quelque chose qui approche du bonheur, ce doit être l'état de quelques êtres, peu nombreux, à l'heure primitive des sensations pures, lorsque l'âme se repose dans le sentiment de la vie, ne cherchant pas à savoir, mais reflétant l'infini comme une goutte d'eau pure reflète la lumière du soleil...

Mais cette notion du bonheur n'est pas accessible aux masses, elles ne peuvent réduire la conception d'une thèse générale à sa vraie valeur, essentiellement conditionnelle, elles demandent un bonheur plus réel, et elles, les masses, l'ont, le bonheur, puisque, dit M. Pobédonostzeff, il y a tant d'institutions de bienfaisance, dont le but est précisément de faire du bien au peuple. « L'âme se repose à la vue du fonctionnement de nos institutions et de nos sociétés de bienfaisance, avec leurs règlements, leurs assemblées, leurs membres honoraires, leurs récompenses honorifiques, etc. » Le bonheur du peuple est là, selon M. Pobédonostzeff.

L'auteur du livre s'attaque ensuite à la pensée. « De nos jours, se plaint-il, les hommes paraissent ne vivre que pour penser; toute la vie est absorbée chez eux par la pensée. La vie est mutilée, mutilée artificiellement par ce que l'on en pense. » M. Pobédonostzeff ne veut pas que l'on pense, c'est là son idée fixe, son idée maîtresse, le code de toute sa vie. « Quel mal a engendré le terme *savoir* ! Tout le monde est entraîné par le problème utopique de l'instruction universelle. A quoi bon envoyer les masses dans les écoles[1]? » Les civilisateurs modernes préconisent, pour le bien de l'humanité, une panacée unique : guerre aux préjugés et à l'ignorance. A en croire les écrivains de cette école, tous les maux de la vie ont leur source dans certains sentiments, dans certaines opinions inconscientes, obstinément conservées par les masses depuis des siècles et qu'il faut détruire à tout prix, déraciner définitivement. Ils considèrent comme nuisible tout sentiment, toute opinion qui n'admet pas de preuve, qui ne saurait être justifiée

(1) Ouv. cité, p. 81.

par la logique. Si tous les hommes, raisonnent ces philosophes, pouvaient mettre en action leurs forces intellectuelles, développer leur jugement et le prendre pour guide, au lieu de penser, d'agir conformément aux opinions acceptées sur parole, l'humanité entrerait dans un siècle d'or. Si, dans les masses, les facultés pensantes parvenaient seulement à se hausser d'un degré, il en résulterait des conséquences incalculables.

C'est précisément cela que ne veut pas M. Pobédonostzeff. L'humanité, dit ce « grand philosophe » russe[1], est douée d'une force naturelle, radicale d'*inertie*, dont le rôle est puissant. Cette force, comme le lest d'un navire, maintient l'humanité à travers les fluctuations de l'histoire, elle est tellement indispensable, que, sans son appui, tout progrès devient impossible. Cette force, l'*inertie*, que « les penseurs à courte vue de la nouvelle école » confondent avec l'ignorance, est tout à fait indispensable au maintien de la société. La détruire, c'est priver la société de la *stabilité*. L'oubli, le mépris de cette force, telle est l'erreur maîtresse du progrès actuel. L'inertie des masses fait la stabilité des bases historiques de la société. Or, le savoir tue l'inertie. Le mal de la société est là. Il ne faut pas tuer l'inertie, il ne faut pas civiliser les masses ; la raison, la vérité est du côté de l'homme inculte, la *pensée* dérobe au bercail des

---

[1] Ouv. cité, p. 85.

brebis sous prétexte de les instruire, les emmène au désert et les y égare...

M. Pobédonostzeff ne se borne pas à propager ses idées dans la sainte Russie — où il peut faire marcher le knout — il les propose aussi à l'Europe, puisqu'il fait lui-même traduire ses ouvrages en français. Non, les penseurs européens n'ont rien à puiser aux livres de M. Pobédonostzeff.

CONCLUSION

Nicolas Ier écrivit un jour en marge d'un rapport de ministre qui avait osé employer le mot *progrès* : « Progrès ? Quel progrès ? Supprimer ce mot du langage officiel ! »

Les empereurs et les censeurs peuvent bannir des dictionnaires le mot *progrès*, ils sont incapables d'anéantir la force intérieure de l'individu, l'indépendance de sa volition qui font naître le progrès, qui poussent l'esprit humain, tout naturellement, jusqu'aux déductions logiques les plus extrêmes.

Nous avons vu que, malgré des obstacles sans nombre, il y a en Russie des hommes qui ont confiance dans la puissance de la spéculation abstraite, qui accordent à la philosophie le droit de gouverner l'univers. C'est que « la philosophie est immortelle[1] » et aucune force, aucun *knout* ne pourra la tuer. Si la philosophie ne peut pas guérir le mal intérieur dont souffre tout être pensant, elle en adoucit la douleur. L'homme est bien

(1) Leibnitz.

convaincu à l'heure actuelle qu'il ne saura jamais rien de la cause suprême de l'Univers, — il la cherche quand même, et il doit la chercher. La philosophie offre à ses exploits spéculatifs un domaine illimité où connaissances, causes, aspirations, s'unissant en une harmonie parfaite, lui révèlent, par moments, les mystères du Grand Tout.

C'est pourquoi le développement de la philosophie progresse en Russie, il y devient général, s'étend des livres à la vie ; on sent qu'il deviendra l'âme des événements. Puisée jusqu'à présent aux sources spirituelles des autres, la philosophie russe s'apprête à apporter sa part au patrimoine intellectuel et moral de l'humanité. Et pendant que les penseurs élaborent la science, — dont le rôle est particulièrement grave en Russie, pays encore plein de superstitions, de préjugés et de ténèbres, — les hommes pratiques s'occupent à l'appliquer...

Sans doute, il n'y a pas d'unité dans les théories des philosophes russes, et en cela ils ne diffèrent pas trop de leurs collègues d'Occident. Cependant, dans leurs divers systèmes qui se heurtent souvent on trouve quelque chose de commun, une sorte de parenté spirituelle : l'amour de la vérité, de la justice, l'amour du prochain. L'amour rapproche les êtres ; il inspire à toute âme consciente de ses défauts le désir de se perfectionner, afin de conquérir la beauté morale, fin spirituelle de l'homme.

Il suffit de descendre profondément dans toute doctrine sincère pour y découvrir l'unité avec la pensée commune. La pensée commune chez les philosophes russes, c'est la *morale*. Les penseurs russes cherchent, avant tout, une base morale à la philosophie, abstraite ou concrète, générale, politique ou sociale.

Tout peuple produit une philosophie qui lui est propre et qui reflète la mentalité nationale. Le caractère de la philosophie russe est essentiellement moral. Nous le constatons chez les philosophes, chez les psychologues, chez les esthéticiens, chez les sociologues. Même chez les économistes russes il n'y a point d'antinomie entre la morale et l'économie politique, — cette science froide, sans cœur, souvent artificielle, puisqu'elle ne prend pour objet d'étude que certains faits *isolés* arbitrairement de tous les autres. L'économie politique discute généralement des questions où le bonheur et le malheur du genre humain sont engagés, comme on discuterait de celles qui ont trait à la matière inanimée et insensible, sans que la moindre émotion généreuse trouble l'impassibilité avec laquelle elle procède à l'élaboration de ses théories. Les économistes n'admettent pas que nous devions écouter nos aspirations, ils veulent qu'elles soient limitées et réglées, autrement nos désirs deviendraient subversifs non seulement de notre vie intellectuelle et morale, mais encore de notre vie économique, car ils entraîneraient des habitudes de dépense improductive et même de spoliation. Il y a presque toujours un antagonisme entre l'économie politique et la morale. Chez les auteurs russes l'antagonisme cède la place à l'harmonie, dans le domaine des théories pures, comme dans celui des faits. Pour eux le principe de la richesse n'est pas principalement dans les *choses*, — instruments de production, il est surtout et avant tout dans l'*homme*, — seul et vrai producteur. Pour produire d'une manière efficace et durable, il faut posséder non seulement des qualités physiques, mais encore et surtout des qualités morales. La vie morale ne doit pas être étrangère à la vie économique : la première doit être le principe de la seconde.

Nulle part on ne s'occupe davantage des questions morales qu'en Russie. Le libre arbitre, la responsabilité des criminels, l'éternel problème : *Comment vivre ?* passionnent autant et plus que les questions politiques. La classe éclairée, *l'inteliguentia*, qui, grâce à une réaction néfaste, s'éloigne de plus en plus de la masse du peuple, lui ressemble par là très profondément. Le paysan illettré est grand philosophe dans les questions morales. *Chercher la vérité* est une idée très naturelle chez le Moujik. Chez le peuple, la morale, c'est la vie, la *conduite immédiate*. Pour la classe éclairée la morale est basée sur le développement le plus complet de l'individu; elle présume que plus l'individu est développé, plus ses intérêts s'élargissent. Or, l'intérêt le plus large, c'est l'intérêt social. Dès lors, l'individu en se développant se pénètre des intérêts de la société, comme s'ils étaient les siens propres. L'individu arrive ainsi à posséder la vraie morale : *la morale sociale*. Malheureusement l'*inteliguentia* sépare assez souvent la vraie morale de la vraie vie. Certes, elle sait que la morale réside dans la tendance au bien, intérieure et consciente, sans dépendance aucune avec ce que la loi exige ou n'exige pas. Mais la loi, c'est-à-dire le *knout*, est là... Et la classe éclairée craint le knout. L'unité, l'harmonie entre la morale et la vie se manifeste en Russie, de plus en plus, chez les philosophes. C'est là leur originalité, c'est là leur force, c'est là leur *avenir*.

Pour eux l'idée de la morale est un état moral donné, dans lequel l'individu vit moralement, sans même le remarquer, sans aucun effort, sans aucune crainte de la *force extérieure*. L'unité de la vie et de la morale s'exprime chez le mystique Soloviov et chez le socialiste et libre penseur Lavrov, chez le jeune sceptique Préobrajensky et chez le turbulent Kropotkine. Pour Soloviov la morale est la loi de Dieu, et le souverain bien pour l'homme, c'est de se conformer à cette loi unique, éternelle, pour contribuer ainsi à l'harmonie universelle. La morale de Lavrov, de Kropotkine est plus positive : pour eux l'âme de l'univers est « la fraternité qui embrasse le bien matériel de tous ». La morale esthétique russe n'identifie pas son *idéal* avec la forme pure, avec le beau extérieur, mais avec le *bien*, avec la *vérité*. Par des chemins différents, les penseurs russes aboutissent, presque tous, au même but : la morale, c'est-à-dire le bien : la vie. Car il n'y a qu'*une* morale, comme il n'y a qu'*une* géométrie, comme il n'y a qu'*une* vie pour tout être humain. La morale n'est pas une abstraction, c'est une réalité, c'est la science de régler, sans aucune contrainte extérieure, sa conduite, sa vie [1]. Vie et morale sont synonymes. Le plus grand et le plus efficace moyen de traduire les idées en faits est de conformer sa conduite à ses conceptions : c'est le plus puissant instrument de progrès.

II

Sans doute, la Russie n'a pas encore produit un Spinoza, un Descartes, un Kant [2]; mais n'oublions pas les obstacles qui entravent dans ce pays la marche naturelle de la philosophie. Ah, si la Russie voulait renoncer à son automatisme muet et passif, semblable à celui de la Chine qu'elle a l'air de combattre ! Mais si, malgré tout, elle ne *veut* pas comprendre que son salut est dans la *Liberté* et dans l'*Action*, l'histoire se chargera de le lui apprendre. Ce n'est pas s'écarter du sujet de notre étude

(1) Voir notre *Philosophie de Tolstoï*, chap. *la Morale*.
(2) La Russie a donné à l'humanité pensante Tolstoï !

que d'émettre ici cette prédiction. Certes, il n'est pas bon de dire partout et toujours tout ce qu'on a sur le cœur; mais qui donc peut n'avoir sur le cœur que ce que l'on peut dire partout? Non, la force brutale seule ne sauvera pas la Russie, il faut qu'elle commence et poursuive sa transformation sociale, il faut qu'elle laisse pleinement jaillir les sources intellectuelles qui dorment dans son sein, il faut qu'elle laisse son génie s'épanouir. « La Russie n'a pas encore abdiqué sa raison d'être, elle est encore libre de renoncer à cette politique d'égoïsme et d'abrutissement national qui ferait nécessairement avorter notre mission historique[1]. » La vie morale consiste à changer ce que l'on trouve mal en soi-même et tout autour de soi. La puissance de tout homme et de tout peuple est dans son libre arbitre : il faut qu'il exerce sa volonté s'il veut vivre.

Le système du matérialisme gouvernemental qui reposait exclusivement sur la force brutale des armes et ne comptait pour rien la puissance morale de la pensée et de la parole libres, — ce système matérialiste a déjà amené la Russie aux désastres de Sébastopol. La conscience du peuple russe parla alors à haute voix. La Russie se releva par un acte de justice : l'émancipation des serfs. Cet acte reste toujours un simple commencement. L'œuvre de l'éman-

---

(1) Soloviov, *Idée russe*, p. 18.

cipation sociale ne peut pas se borner à l'ordre matériel. Le corps de la Russie est libre, mais l'esprit russe attend son 19 février[1]... L'émancipation intellectuelle de la Russie est un acte qui s'impose aujourd'hui avec autant de nécessité que l'émancipation des serfs s'imposait il y a quarante ans. Quelles que soient les qualités intrinsèques du peuple russe, elles ne peuvent pas se manifester d'une manière normale tant que sa conscience et sa pensée restent paralysées par un régime d'obscurantisme. Il s'agit, avant tout, de donner libre accès à l'air pur et à la lumière, il s'agit d'arracher la Russie à son inertie et à son isolement intellectuels, il s'agit de lui ouvrir le chemin droit vers l'unité universelle. La Russie, pour remplir vraiment sa mission, doit entrer de cœur et d'âme dans la vie commune du monde et employer toutes ses forces à réaliser, d'accord avec les autres peuples, l'unité parfaite du genre humain.

(1) Jour d'émancipation des serfs en Russie.

TABLE ALPHABÉTIQUE

Abeilles, 81.
Abélard, 79.
Absolutisme, 83, 171, 172, 250.
Abstinence, 32.
Académies (ecclésiastiques), 1.
Acte (l' — pur), 11.
Action, 168, 170, 264.
Agnosticisme, 88, 89, 216, 217.
Alcoolisme (la psychologie de l' —), 131-135.
Alembert (d'), 1.
Alexandrie, 69.
Aliénés (la psychologie des —), 143, 144.
Allemagne, 56, 76, 96.
Altruisme, 18, 37, 93, 220, 230.
Ame, 12, 16, 18, 50, 72, 90, 109, 110.
Amiel, 63.
Amour, 11, 19, 83, 220, 240, 260.
Anatomie, 46, 80.
Animisme, 175.
Antagonisme, 43, 75, 174, 236.
Anthropologie, 138-141, 151, 152, 153.
Anthropomorphisme, 218.
Antinomie (de la raison), 43, 53, 177.
Antisémitisme, 29.
Archétypes, 79.

Architecture, 99, 105.
Aristocratie (politique), 243.
Aristote, 4, 70, 111, 238.
Armée, 151, 152.
Art, 36, 39, 42, 45, 65, 96, 107,
— (l'art pour —), 4, 78.
— grec, 103.
— français, 103.
— russe, 103.
— (la philosophie de l' —), 13.
Artistes, 85, 97, 101, 104.
Ascétisme, 18, 31.
Association (des idées), 45.
— (—s sociales), 187.
Athéisme, 72, 73.
Athènes, 102.
Atomisme, 12.
Augustin, 30.
Audition (colorée), 115.
Aumône, 16.
Automatisme, 109, 264.
Autorité, 205, 212, 243, 245.
Avenir, 172, 173, 179, 263.

Bacon, 55, 57, 72, 73, 196.
Bain, 58, 154.
Beau (le), 13, 84, 85, 98, 101, 103, 107.
Beethoven, 65, 104, 107.
Benedikt, 141.

TABLE ALPHABÉTIQUE

Bernheim, 136, 137.
Bible, 24, 25.
Bien (le), 11, 13, 19, 38, 84, 221, 264.
Bien (la justification du —), 19.
— (les principes du —), 20.
— (le — individuel), 52.
— (le — social), 21.
Biologie, 75, 80, 81, 88, 128, 165.
Blanc (Louis), 160.
Blosfel, 139.
Bonheur (le), 36, 37, 38, 44, 52, 68, 72, 95, 188, 254.
Bourgeoisie, 92, 171, 174, 177.
— russe, 214.
Boutroux (E.), 53.
Brentano, 212.

Capitalisme, 83, 236.
Caractère, 49.
Catégories, 56.
Cattel, 112.
Causalité, 31, 34, 110, 218.
Cellules, 113, 130.
Cerveau, 100, 110, 113, 114, 123.
— (poids du — russe), 139, 140.
Chants populaires, 106.
Charbonnier, 32.
Charité, 254.
Christianisme, 14, 15, 32. Voir Religion, Eglise.
Civilisation, 164, 167, 175, 190, 196.
Civilisation (russe), 153, 160.
Claparède, 116.
Clergé, 2, 247.
Cloche (la — d'Herzen), 195.
Collectivité, 169, 170, 203.
Colomb, 65.
Communisme, 185, 210.
Comte (Auguste), 4, 28, 29, 73, 76, 77, 90, 157, 161, 216, 217, 218.
Condorcet, 1.
Connaissance (théorie de la —), 10, 37, 50.

Connaissance mystique, 13.
Conscience, 35, 51, 83, 113, 114, 115, 165, 219, 221, 240.
Conscience (scientifique), 155.
Contemplatifs (les), 33.
Contemplation, 18.
Copernic, 65.
Crâne, 140, 143.
Créations (intellectuelles), 19.
Criminalisme, 142-147.
Criticisme, 10, 33, 43, 62, 223.
Croissance (sociale), 164.
Czolbe, 84.

Dante, 60.
Darwin, 74, 77, 80, 99, 161.
Décadence, 188.
Décomposition (sociale), 164.
Déduction, 90, 111.
Démocratie, 93, 248.
Descartes, 28, 29, 50, 57, 71, 72, 110, 264.
Déterminisme, 163, 182, 229.
Devoir, 17, 168, 230.
Dialogues (les — de Platon), 71.
Dieu, 11, 12, 19, 23, 72, 204.
Divinité (l'idée de la —), 11, 13, 18, 34.
Dogmatisme, 76, 80, 88, 165.
Dogmes (philosophiques), 62.
Douleur, 123-125.
Doute, 38, 43, 62.
Droit, 238, 244, 245.
Dualisme, 15, 33, 44, 70, 221.
Durkheim, 158.
Dynamisme (social), 165.

Eclectisme, 5, 6, 69, 70.
Economie politique, 176, 177, 185, 186, 261.
Eglise, 3, 5, 23, 69, 241, 251, 179, 198, 206, 241, 242.
Eglise (catholique), 14.
— (orthodoxe), 14.
— (universelle), 23.

TABLE ALPHABÉTIQUE

Église (histoire des — s), 15.
— (union des — s), 14, 16, 23.
Égoïsme, 19, 20, 37, 53, 86, 240.
Émancipation (des serfs), 2, 265.
Émotions, 36, 49, 64, 99, 100, 101, 113, 134, 137.
Empirisme, 45, 46, 55, 61, 63, 72, 177, 230.
Encyclopédistes, 1, 2.
Énergie (la conservation de l' —), 49.
Énergie (calorique), 50.
— (intellectuelle), 48.
— (physique), 47, 48, 49.
— (psychique), 47, 48, 49, 50.
Énergétique (la science —), 47.
Entendement, 31.
Épicurisme, 67.
Esclavage, 15.
— (l'abolition de l' —), 3.
— (économique et morale), 16.
Espace, 34, 44, 52, 238.
Espèce, 192, 193.
Espoir, 95, 134.
Esprit (l' — absolu), 11, 30, 53.
Esthétique, 2, 3, 4, 13, 59, 96-107, 117.
État, 22, 161, 186, 206, 241, 243.
— (quatrième —), 92.
États-Unis, 199.
Éthique, 14, 37, 52, 54, 59, 93, 219.
Éthique (libertaire), 142.
Ethnographie, 217.
Étiologie (des psychoses), 151.
Étrangérisme, 92.
Être (l'idée de l' — supérieur), 19.
Europe, 94, 184, 189, 197, 199, 200, 257.
Europe (fédération — enne), 231.
Évêques russes, 14, 15.
Évolutionnisme, 36, 75, 79, 80, 81, 90, 130, 165, 192.
Exclusivisme, 83.
Excommunication (de Tolstoï), 248.

Extase, 31.

Facticisme, 46, 154.
Facultés (supérieures), 49.
Famille, 179, 211, 241.
Fanatisme, 165.
Fatalité, 17, 82.
Fatigue, 113.
Fechner, 127.
— (Weber —), 127.
Femme, 29, 179, 194, 241.
Fénelon, 13.
Ferri, 145.
Fichte, 2, 15, 55.
Finalité, 219.
Finlandais, 250.
Fleching, 123.
Foi, 66, 93. Voir *Religion*.
Force, 187, 193, 252.
— (contrainte), 244, 245, 246.
Forme, 56, 100, 103, 105, 263.
Fouillée, 91, 161.
Foule, 100, 101.
Fourmis, 81.
France (la), 93-95.
Frize, 14.

Galilée, 77.
Galvani, 174.
Gaspillage, 186, 232.
Geisler, 112.
Génie, 39, 41, 47, 49.
Guerre, 243.
Grèce, 92.
Grecs, 70.
Gouvernement, 10, 160, 213, 254, 265.
Guyau, 63, 91, 102.

Haller, 174.
Hallucination, 67.
Harmonie, 11, 101.
Hartmann, 84.
Havet, 69.

Hegel, 2, 3, 28, 33, 55, 74, 75, 77, 163.
Helmholtz, 77, 115.
Henle, 132.
Hérédité, 127-131, 187, 245.
Hiérarchie, 79.
Hillel, 29.
Hipp, 112.
Histoire, 10, 165, 170, 171, 173, 190.
Histoire (des religions), 10.
Hobbes, 76, 110, 191.
Honte, 134.
Horvitez, 124.
Humboldt, 117, 118.
Hume, 43, 56.
Huxley, 230.
Hygiène (sociale), 147.
Hypnologie, 135-137.
Hypothèses, 90.

Idéal, 11, 40, 44, 52, 103, 183, 237, 240, 263,
Idéalisme, 2, 34, 50, 55, 63, 70, 79, 174, 175, 206, 227.
Idée, 86, 100, 102, 107.
— (— s a priori), 14.
— (les — s en France), 93.
Ignorance, 198, 255.
Illusion, 38, 43.
Images (mystiques et abstraites), 31, 33.
Imagination, 42, 137.
Inconnaissable, 89.
Inconscient, 113, 115.
Individu, 21, 22, 49, 128, 163, 170, 178, 181, 185, 192, 259, 262, 263.
Individualisme, 13, 19, 79, 164, 178, 200, 201.
Individuation colorée, 115.
Induction, 90, 111.
Inertie, 256.
Instinct (de conservation), 33.
Intelligentia, 102, 262, 263.

Internationalisme, 234, 243, 244.
Intuitivisme, 72.
Ironie, 66.
Irréligion, 64.
Irritation, 113.

Jérémie, 29.
Jésus, 21, 29, 93, 104.
Joie, 132, 135.
Judaïsme, 15, 29, 69.
Juifs (la culture hellénique chez les —), 69, 250.
Justice, 21, 23, 180.

Kant, 2, 10, 28, 30, 43, 52, 55, 56, 60, 63, 72, 79, 80, 86, 90, 93, 264.
Kantisme, 10, 192.
— (néo —), 61.
Kidd, 162.
Knout, 248, 257, 259, 263.
Kourganes, 140.

Langage, 118.
Lange (F.), 80.
Lassalle, 160, 236.
Lavoisier, 174.
Législation (politique), 205.
Leibnitz, 43, 53, 56, 60, 73, 77, 259.
Lessing, 96.
Liberté, 26, 27, 164, 203, 205, 206, 229, 264.
Libre arbitre, 37, 72, 82, 116, 137, 163, 262, 265.
Ligue (sainte), 248.
Linguistique, 60-62, 117.
Linguistes, 118.
Linné, 174.
Locke, 2, 43, 55, 56, 121.
Logique, 2, 59.
Logos, 69.
Loi, 101, 245, 246, 249.
— (— s a priori), 40.
— (— de la nature), 39.

Loi (de la vie et de la mort), 17.
Lombroso, 99, 141, 142, 143, 145.
Loria, 203.
Lotze, 83-87.
Lutte, 11, 92, 168, 172, 180, 181.

Magnétisme, 137.
Mal (le), 11, 21, 38, 221.
Maladies (mentales), 136.
Manouvrier, 142.
Marx, 81, 91, 160, 163.
Matérialisation (spirite), 112.
Matérialisme, 2, 12, 61, 110, 122, 206, 266.
Mathématiques (sciences —), 40, 41, 60, 111.
Matière, 86.
Matriarcat, 211, 212.
Médium, 112.
Mélancolie, 151.
Mémoire, 33, 49.
Merveilleux (le), 137.
Métaphysique, 4, 13, 35, 36, 37, 38, 40, 41, 43, 55, 58, 61, 70, 90, 174, 217.
Métempirique, 89.
Méthode (affirmative), 30.
— (critique), 56.
— (déductive), 57.
— (inductive), 57.
— (objective), 227.
— (scientifique), 7.
— (subjective), 37.
Michée, 29.
Michel-Ange, 107.
Milieu (influence du —), 37.
Mill (J.-S.), 58, 93, 158.
Mimique, 132.
Mirage 40.
Misère, 193, 214, 233.
Moelle, 123.
Moi, 12, 15, 19, 53, 86, 87, 101, 182.
Moïse, 69, 70.

Moncalm, 118.
Monisme, 33, 110, 216, 217.
Montesquieu, 1.
Morale, 2, 5, 15, 17, 18, 19, 20, 51, 63, 70, 78, 90, 93, 103, 180, 194, 206, 221, 222, 240, 260, 261, 263, 264.
Morphologie, 126.
Mort (la crainte de la —), 116.
— (la peine de —), 23-28, 129.
Mouvements (classification des —), 113.
Muller (Max), 79.
Musée (neurologique de Moscou), 138.
Musique, 64, 65, 99.
Musiciens, 103, 105.
Mysticisme, 2, 9-34.
Mystiques, 32, 104.
Moyen âge, 79, 207.

Nancy (école de —), 136, 137.
Nation, 21, 151, 185.
Nationalisme, 16, 96, 97, 198.
Nature, 13, 35, 37, 52, 101, 193.
— (— émotionnelle), 36.
— (lois de la —), 39.
— (— positive), 40.
Néron, 21.
Newton, 76, 77.
Nietzsche, 60, 64.
Nihilisme, 183, 248.
Noblesse russe, 224.
Non-sens, 39.

Objectivisme, 162, 227.
Obscurantisme, 3, 266.
Occident, 97, 107, 199, 200, 260.
Occidentalisme, 92.
Ontologie 79.
Optimisme, 33, 37, 43.
Organicisme, 229, 230.
Organisme (social), 16, 23, 113, 179, 219, 225.
Orientalisme, 92.

Orthodoxie, 105, 198, 250, 252.
Ouvrier, 185, 213, 214.
Owen, 79.

Paganisme, 21.
Paix (la — universelle), 21.
Panslavisme, 197.
Panthéisme, 33.
Papes, 92.
Paradoxe, 65.
Parallélisme, 110, 127.
Paralysie, 135.
Parisot, 139.
Pascal, 60, 63.
Passion, 44.
Pathologie, 155.
— (— dans le roman), 125.
Patriotisme, 91, 198, 250.
Paupérisme, 16, 200, 232, 233.
Pax humana, 22.
— romana, 22.
Paysan, 185, 214, 202.
Peintres, 103, 105.
Peinture, 99.
Pensée, 89, 90, 91, 95, 103, 203, 255, 256.
Perceptions (objectives), 36, 40, 113.
Perceptions (sensorielles), 14.
Perfection, 11.
Personnalité, 39, 45, 49.
Pessimisme, 33, 37, 43, 67, 237.
Peuple, 101, 170, 249, 254.
— (— russe), 143, 196, 197, 198, 199, 200, 201, 252, 262.
Peuple (la psychologie du —), 148-152.
Pierstley, 174.
Peur, 134.
Phénoménisme, 45, 50.
Philologie, 60, 61, 62.
Philon, 69, 70.
Philosophes (trois types de —) :
— (analytique), 42.
— (constructif), 42.
— (dialectique), 42.
— (le sens du mot *philosophe*), 6, 7.
Philosophie, 14, 36, 39, 41, 44, 56, 68, 73, 259, 260.
Philosophie (l'apparition de la — en Russie), 1.
Philosophie (allemande), 1, 2, 43, 55, 66.
Philosophie (ancienne), 69, 70, 71, 72, 84.
Philosophie (anglaise), 55, 58.
— (française), 1, 28, 53, 57, 62, 63, 71, 72, 73, 76, 77, 90, 93, 192.
Philosophie (du droit), 2, 238.
— (— de la religion), 59.
— (histoire de la —), 69-95.
— (— critique), 10, 88.
— (— mathématique), 73.
— (— synthétique), 63.
— (— théorétique), 28.
— (Revue de —), 4.
— (Société de —), 5.
Physiologie, 46, 111, 120-140.
Plaisir, 86, 98, 99, 100, 132.
Platon, 4, 28, 29, 43, 60, 63, 70, 71, 79, 111.
Platonisme, 70.
— (néo —), 70.
Poésie, 99.
Poètes, 28, 101, 103.
Polonais, 250.
Population, 208.
Positivisme, 4, 28, 35, 38, 88, 210.
Pouvoir, 188, 244, 249, 252.
Prédicateurs (français), 29.
— (juifs), 29.
Préjugés, 256, 260.
Progrès, 37, 51, 67, 82, 87, 165, 166, 168, 180, 200, 225, 226, 259, 264.
Production (économique), 207.
Propriété, 209, 238.
Prosélytisme, 169.

TABLE ALPHABÉTIQUE

Protectionnisme, 213, 234.
Proudhon, 160, 163, 203.
Psychologie, 2, 6, 45, 46, 50, 55, 56, 57, 59, 88, 109-155, 220.
Psychologie criminelle, 141-147.
Psychologie (critique de la —), 153-155.
Psychologie hypnologique, 135-137.
Psychologie du peuple russe, 148-152.
Psychologie (laboratoire de —), 112.
Psychologie (société de —), 4.
Psycho-idéalisme, 35-54.
— (— physiologie), 45, 110, 120-137.
Puissance (créatrice), 36.

Race (latine), 184.
— (germano-latines), 199.
Raison, 31, 36, 52, 56, 79, 117, 240.
Raphaël, 107.
Rationalisme, 14, 34, 66, 88.
Réaction, 93.
Réalisme, 14, 34, 37, 86.
— (— mystique), 12.
Reclus (E.), 161.
Réforme (la), 1.
Réformes (sociales), 3, 180.
Régime économique de la Russie, 212.
Reingold, 113.
Religion, 10, 12, 20, 42, 43, 59, 240, 242.
Renan, 62, 68.
Renaissance, 62.
Rénovation (morale), 83.
Révélation, 12.
Rêves, 35, 36, 38.
Révolte, 203.
Révolution, 3, 104, 188, 189, 190, 200, 202.

Ribot (Th.), 113, 115, 122, 127, 154.
Richesse, 185, 186, 193, 208, 232, 233, 242, 262.
Richet, 124.
Rome, 102.
Roscellin, 79.
Rousseau (J.-J.), 1, 82, 249, 253.

Saint-Synode, 5, 247.
Savigny, 244.
Savoir (le), 20, 117, 255.
Scepticisme, 28, 60-68, 72, 74.
Sceptiques, 70.
Schelling, 2, 28, 55.
Schiller, 118.
Schopenhauer, 15, 29, 43, 52, 53, 63, 75, 77.
Sculpture, 99, 105.
Science (la), 14, 36, 45, 55, 58, 78, 175, 203, 260.
Sciences (les écoles dans les), 6.
Sciences mathématiques, 40.
— (— naturelles), 4, 11, 76.
— (— positives), 13, 14.
— (— sociales), 167.
Scolastique (orthodoxe), 1, 57, 80.
Sébastopol, 265.
Sectes, 92, 252.
Sensations, 31, 64, 113, 121.
Sensibilité, 84.
Sensitif, 49.
— (phénomènes —), 30, 40, 41.
Sensualisme éthique (de Voltaire), 2.
Sentiment, 36, 39, 41, 85.
Serën-Kjerkegaard, 63.
Sergi, 140.
Sermons, 20.
Sibérie, 214, 251.
Slaves, 148, 149.
Slavophiles, 97, 107, 108, 109.
Smith (A.), 191.
Socialisme, 178, 232, 234, 235.
Société, 22, 25, 26, 27, 107, 180, 185, 193, 241.

Sociologie, 4, 6, 7, 37, 89, 157-257.
Sociologie (la — en Russie), 157-162-180.
Socrate, 92, 93.
Solidarité, 21, 22, 193, 194, 202, 206, 246.
Sommeil, 49, 137.
Sorbonne, 14.
Souffrance, 15, 36, 102.
Spencer, 51, 63, 99, 158, 161, 192, 216, 223, 224, 225, 226, 244.
Spinoza, 15, 29, 72, 73, 264.
Spiritisme, 111, 137.
Spiritualisme, 1, 11, 13, 18, 34, 61, 99, 109, 110.
Stabilité, 256.
Statuaires, 103.
Stoïques, 70.
Subjectivisme, 36, 82, 162, 226, 227.
Substance, 15, 53.
Succès, 102.
Suggestion, 136, 137.
Survivance, 104.
Suicide, 135, 149, 150.
Sully-Prudhomme, 28.
Surhomme, 64.
Symbolisme, 70, 185.
Système nerveux, 100, 103, 110, 122, 126, 136.

Taine, 99.
Talent, 47, 49.
Tarde, 91, 99, 161.
Temps, 34, 44, 52, 238.
Terminologie (psychologique), 45.
Terroristes, 160.
Théisme, 33.
Théocratie, 70.
Théologie, 11, 14, 90.

Théosophie, 14.
Tibère, 21.
Transformisme, 47, 48, 49.
Travail, 83, 95, 193, 236.
— (La division du —), 89, 91.
Tristesse, 132, 151.

Unité, 11, 16, 20, 21, 23, 263, 266.
Univers, 11, 12, 20, 39, 76.
Université (la fondation de l'— de Moscou), 1.
Université (l'enseignement de la philosophie dans les — s russes), 1, 2, 3, 4.
Université (— s russes), 161.
Utilitarisme, 52, 239.
Utopie, 101, 245.

Vagabondage, 144.
Vie (Exemple de la — privée), 179.
Vigny (A. de), 28.
Vinci (L. de), 107.
Visions, 102.
Volition, 81.
Volkelt, 84.
Volonté, 11, 12, 16, 30, 43, 44, 49, 117, 135, 145, 240.
Voltaire, 1, 2, 205.

Wagner (R.), 104, 106.
Wagner (V.), 80, 81.
Weber-Fechner, 127.
Weissmann, 80.
Wolf, 1, 56.
Wundt, 84, 112, 115, 124, 154, 161.

Zollner, 115.

INDEX DES NOMS RUSSES

Aksakow, 111-112.
Alexandre I, 2, 3.
Alexandre II, 4, 24.
Alexandre III, 24, 247.
Annitsckov, 1.
Antokolsky, 105.
Astaflev, 117.

Bakounine, 158, 203-206.
Balakirev, 105.
Baltalon, 117.
Batiouschkov, 101.
Bechterev, 81, 122, 123.
Belkine, 55.
Berdiaiev, 226.
Bernstein, 116.
Bielinsky, 96, 159.
Bloch, 243.
Boborikine, 98.
Borodine, 105.
Bouchstab, 140.

Catherine II, 1, 2.
Chichkine, 3.

Danilevsky, 123.
Darkschevitch, 123.
Dobrolioubov, 96, 159.
Dostoyevsky, 143.
Drill, 144, 146.

Essipov, 146.

Gitetsky, 117-118.
Glinka, 105.
Gogol, 159.
Golitch, 3.
Goltsev, 158.
Gontscharov, 149.
Granovsky, 3.
Griboïedov, 159.
Grigoriev, 96.
Grote, 4, 5, 35-54, 71.
Gué, 105.
Guerié, 73.
Guiliarov, 93, 94.
Guiltschenko, 139, 140,
Guinzbourg, 105.

Herzen, 158, 195-202.

Iaroschenko, 105.
Ivanov, 104, 105.
Ivantsov, 73, 97.

Kalenov, 98.
Karéiev, 157-162.
Katkov, 248.
Kistiakovsky, 28.
Kloutschevsky, 152.
Kojevnikov, 122, 137, 138.
Kornilov, 122.
Korsakov, 122.
Kovalewsky (M.), 207-215.

INDEX DES NOMS RUSSES

Kovalewsky (W.), 122.
Kozlov, 5.
Kramskoï, 105.
Kropotkine, 158, 184-194, 263.
Krylov, 159.

Lavrov, 158, 163-183, 263.
Lopatine, 9, 71, 72, 109, 110.
Loukianov, 73.
Lutoslavski, 71.
Lvov, 198.

Makovsky, 105.
Marine, 113.
Michaïlovsky, 96, 158, 223-227.
Min..., 122.
Moussorgsky, 105.

Nadejda, 3.
Nikolaï I, 3, 259.
Nikolaï II, 247.
Novikov, 228-237.

Obolensky, 88-93, 98-100, 159.
Orchansky, 125-130, 141, 142, 143, 144, 145.
Ostrovsky, 159.
Oumov, 71.
Ozé, 84, 87.

Pavlov, 3.
Philippov, 73-83.
Pierre le Grand, 14.
Pipine, 1.
Pissarev, 159.
Pobédonostzeff, 247-257.
Préobrajensky, 60-68, 263.

Répine, 105.
Rimsky-Korsakov, 105.
Roberty (E. de), 216-222.
Rossolimo, 122.
Roth, 122.

Roubinstein, 105.

Saltykov, 159.
Schatalov, 114.
Schelgounov, 159.
Serov, 106.
Setschenov, 120-122, 126.
Sikorsky, 131, 148, 149, 151.
Skabitschevsky, 96.
Slonimsky, 159.
Smirnov, 97, 195.
Sokolov, 35, 115, 116.
Soloviov, 5, 9-34, 104, 263.
Stcherbatov, 14.
Strachov, 96, 97.
Strouvé, 226.

Tagantsev, 27, 146.
Tarnovsky, 146.
Tojnitsky, 146.
Tokarsky, 112, 116, 135, 136.
Tolstoï, 5, 6, 53, 78, 97, 100, 101, 105, 223, 248, 250, 264.
Tourguenev, 125.
Troïtsky, 4, 55-59.
Troubetskoï (E.), 70.
Troubetskoï (S.), 28, 60, 69, 70.
Tschaïkovsky, 105.
Tschernichevsky, 96, 159.
Tschige, 123-125.
Tschitscherine, 238-244.
Tschouprov, 158.

Vassiliev, 73.
Verestchaguine, 105.

Wagner, 111.
Wedensky, 1, 5, 10, 72.
Welansky, 2.
Wirouboy, 195.
Worobiov, 113.

Zalesky, 244, 245.
Zverev, 116.

TABLE DES MATIÈRES

Introduction

Aperçu historique de l'évolution de la philosophie en Russie. — Objet de ce travail. 1

PREMIÈRE PARTIE

PHILOSOPHES ET PHILOSOPHIE GÉNÉRALE

Chapitre I. Soloviov et le mysticisme. 9
— II. Grote et le psycho-idéalisme. 35
— III. Troïtsky et l'empirisme 55
— IV. Préobrajensky et le scepticisme. 60
— V. L'histoire de la philosophie. 69
— VI. L'esthétique. 96

DEUXIÈME PARTIE

PSYCHOLOGIE

Chapitre I. La psychologie métaphysique et la psychologie expérimentale. 100
— II. La psychologie physiologique 120
— III. L'anthropologie et la psychologie criminelle. . . 138
— IV. La psychologie du peuple russe. 148

TROISIÈME PARTIE

SOCIOLOGUES ET SOCIOLOGIE

Chapitre	I.	La sociologie en Russie. — Karéiev	157
—	II.	Lavrov	163
—	III.	Kropotkine	182
—	IV.	Herzen	195
—	V.	Bakounine	204
—	VI.	Kovalewsky	207
—	VII.	De Roberty	216
—	VIII.	Michaïlovsky	223
—	IX.	Novikow	228
—	X.	Tschitscherine	238
—	XI.	Pobédonostzeff	247

CONCLUSION

La pensée commune des philosophes russes. — La morale individuelle et la morale sociale. — La nécessité pour la Russie de sortir de son isolement intellectuel. 259

Table alphabétique 267
Index des noms russes 275
Table des matières 277

ÉVREUX, IMPRIMERIE DE CHARLES HÉRISSEY

Félix ALCAN, éditeur, 108, Boulevard Saint-Germain, Paris, 6°.

BIBLIOTHÈQUE DE PHILOSOPHIE CONTEMPORAINE

EXTRAIT DU CATALOGUE

HISTOIRE ET SYSTÈMES PHILOSOPHIQUES

ADAM (Ch.), recteur de l'Académie de Dijon. — **La philosophie en France** (*première moitié du XIX° siècle*). 1 vol. in-8. . . 7 fr. 50

ALAUX, professeur à la Faculté des lettres d'Alger. — **Philosophie de V. Cousin.** 1 vol. in-18. . . . . 2 fr. 50

ALLIER (Raoul), agrégé de philosophie. — **La philosophie d'Ernest Renan.** 1 vol. in-18. . . . . 2 fr. 50

ARRÉAT. — **Dix ans de philosophie (1891-1900).** 1 vol. in-12. 2 fr. 50

BARZELLOTTI, professeur d'histoire de la philosophie à l'Université de Rome. — **La philosophie de Taine.** 1 vol. in-8. . . . 7 fr. 50

BOUTROUX (G.), de l'Institut, professeur à la Sorbonne. — **Études d'histoire de la philosophie.** 2° édit., 1 vol. in-8. . . . 7 fr. 50

BRUNSCHWICG (E.), professeur au Lycée Condorcet, docteur ès lettres. — **Spinoza.** 1 vol. in-8. . . . . 3 fr. 75

COLLINS (H.). — **Résumé de la philosophie de Herbert Spencer**, avec préface de HERBERT SPENCER, trad. H. DE VARIGNY. 1 vol. in-8, 3° édition. . . . . 10 fr. »

DEWAULE, docteur ès lettres. — **Condillac et la psychologie anglaise.** 1 vol. in-8. . . . . 5 fr. »

FERRI (L.), professeur à l'Université de Rome. — **Histoire critique de la psychologie de l'association, depuis Hobbes jusqu'à nos jours.** 1 vol. in-8. . . . . 7 fr. 50

FLINT, professeur à l'Université d'Edimbourg. — **La philosophie de l'histoire en Allemagne**, traduit de l'anglais par Ludovic CARRAU. 1 vol. in-8. . . . . 7 fr. 50

FOUILLÉE (Alf.), de l'Institut. — **La morale, l'art et la religion d'après Guyau.** 2° édition, 1 vol. in-8. . . . . 3 fr. 75
— **Le mouvement idéaliste et la réaction contre la science positive.** 1 vol. in-8. . . . . 7 fr. 50
— **Le mouvement positiviste et la conception sociologique du monde.** 1 vol. in-8. 7 fr. 50

FRANK (Ad.), de l'Institut. — **La philosophie mystique en France au XVIII° siècle.** 1 vol. in-18. . . . . 2 fr. 50

JANET (P.), de l'Institut. — **La philosophie de Lamennais.** 1 vol. in-18. . . . . 2 fr. 50
— **Victor Cousin et son œuvre.** 1 vol. in-8, 2° édition. . . 7 fr. 50

LÉVY-BRUHL (L.), maître de conférences à la Faculté des lettres de Paris. — **La philosophie de Jacobi.** 1 vol. in-8 . . . . . 5 fr. »
— **La philosophie d'Auguste Comte.** 1 vol. in-8. . . . . . 7 fr. 50

LIARD, de l'Institut, directeur de l'enseignement supérieur au ministère de l'Instruction publique. **Descartes.** 1 vol. in-8. 5 fr. »

Félix ALCAN, éditeur, 108, Boulevard Saint-Germain, Paris, 6e.

LICHTENBERGER (H.), professeur à l'Université de Nancy. — **La philosophie de Nietzsche**. 6e édition, 1 vol. in-18 . . . . 2 fr. 50
— **Aphorismes et fragments choisis de Nietzsche**. 1 vol. in-18 2 fr. 50
LYON (Georges), maître de conférences à l'École normale supérieure. — **L'idéalisme en Angleterre au XVIIIe siècle**. 1 vol. in-8 . . 7 fr. 50
— **La philosophie de Hobbes**. 1 vol. in-18 . . . . 2 fr. 50
MARIANO. — **La philosophie contemporaine en Italie**. *Essais de philosophie hégélienne*. 1 vol. in-18 . . . . 2 fr. 50
MARION (H.), professeur à la Sorbonne. — **Locke, sa vie et ses œuvres**. 2e édition, 1 vol. in-18 . . . . 2 fr. 50
NAVILLE. — **Les philosophies négatives**. 1 vol. in-8 . . . 5 fr. »
OLDENBERG (H.), professeur à l'Université de Kiel. — **Le Bouddha, *sa vie, sa doctrine, sa communauté***. Traduit de l'allemand par P. Foucher, avec préface de Sylvain Lévi, professeur au Collège de France. 2e édition, 1 vol. in-8 . . . . 7 fr. 50
OSSIP-LOURIÉ. — **La Philosophie de Tolstoï**. 1 vol. in-18. 2 fr. 50
— **Pensées de Tolstoï**. 2e éd. 1 vol. in-18 . . . . 2 fr. 50
— **La philosophie sociale dans le théâtre d'Ibsen**. 1 vol. in-12 2 fr. 50
OUVRÉ, professeur à l'Université de Bordeaux. — **Les formes littéraires de la pensée grecque**. 1 vol. in-8 . . . . 10 fr. »
PAULHAN (F.). — **Joseph de Maistre et sa philosophie**. 1 vol. in-18 . . . . 2 fr. 50
PICAVET, docteur ès lettres, professeur au collège Rollin. — **Les idéologues**. 1 vol. in-8 . . . . 10 fr. »
PILLON (F.). — **L'année philosophique**. 11 années parues (1890, 1891, 1892, 1893 (*épuisée*), 1894, 1895, 1896, 1897, 1898, 1899, 1900). Vol. in-8, chaque année . . . . 5 fr. »
— **La philosophie de Charles Secrétan**. 1 vol. in-12 . . . 2 fr. 50
RIBOT (Th.), de l'Institut, professeur au Collège de France. — **La philosophie de Schopenhauer**. 8e édit. 1 vol. in-18 . . 2 fr. 50
— **La psychologie anglaise contemporaine**. 4e édit. 1 vol. in-8 7 fr. 50
— **La psychologie allemande contemporaine** (école expérimentale). 3e édit., 1 vol. in-8. . . . . 7 fr. 50
ROBERTY (E. de). — **L'ancienne et la nouvelle philosophie**. 1 vol. in-8 . . . . 7 fr. 50
— **Auguste Comte et Herbert Spencer**, *contribution à l'histoire des idées philosophiques au XIXe siècle*. 1 vol. in-18 . . . . 2 fr. 50
STUART MILL. — **Mes Mémoires**, *histoire de ma vie et de mes idées*, traduit de l'anglais par M. Cazelles, 2e édit. 1 vol. in-8. 5 fr. »
— **Auguste Comte et la philosophie positive**. 6e édition, 1 vol. in-18. . . . . 2 fr. 50
WECHNIAKOFF. — **Savants, penseurs et artistes**, publié par R. Petrucci. 1 vol. in-12. . . . . 2 fr. 50
ZELLER. — **Christian Baur et l'École de Tubingue**, traduit de l'allemand par M. Ch. Ritter. 1 vol. in-18 . . . . 2 fr. 50

Envoi franco contre mandat-poste.

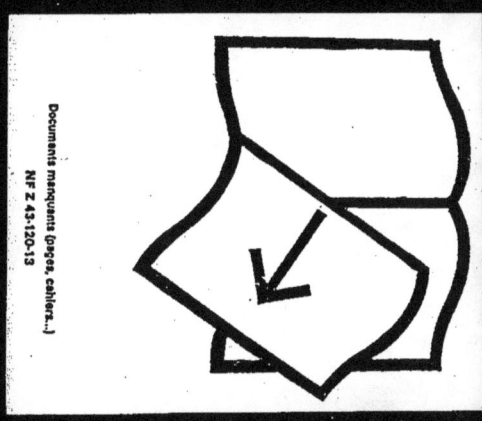

www.ingramcontent.com/pod-product-compliance
Lightning Source LLC
Chambersburg PA
CBHW070755170426
43200CB00007B/793